A FILOSOFIA EXPLICA AS

GRANDES QUESTÕES DA HUMANIDADE

CLÓVIS DE BARROS FILHO & JÚLIO POMPEU

A FILOSOFIA EXPLICA AS

GRANDES QUESTÕES DA HUMANIDADE

CASA DO SABER

Casa da Palavra

Este livro foi revisado segundo o novo Acordo Ortográfico da Língua Portuguesa.

Direção editorial
ANA CECILIA IMPELLIZIERI MARTINS
MARTHA RIBAS

Coordenação de produção
CRISTIANE DE ANDRADE REIS

Assistente de produção
JULIANA TEIXEIRA

Preparação de originais
SILVIA MARTA VIEIRA

Revisão
THIAGO CASTAÑON

Capa
RICARDO BACELLAR

Transcrição
FERNANDA CARREIRA

Diagramação
MEYRELE TORRES | FILIGRANA

CIP-BRASIL. CATALOGAÇÃO-NA-FONTE
SINDICATO NACIONAL DOS EDITORES DE LIVROS, RJ
B277f
Barros Filho, Clóvis de, 1965-
A filosofia explica as grandes questões da humanidade / Clóvis de Barros Filho & Júlio Pompeu. - 1. ed. - Rio de Janeiro: Casa da Palavra; São Paulo: Casa do Saber, 2013.
ISBN 978-85-7734-379-9
1. Filosofia. 2. Humanidade. I. Pompeu, Júlio, 1971- II. Casa do Saber. III. Título.
13-02803 CDD: 100 CDU: 1

CASA DA PALAVRA PRODUÇÃO EDITORIAL
Av. Calógeras, 6, sala 1.001, Centro
Rio de Janeiro — RJ — 20030-070
(21) 2222-3167 | (21) 2224-7461
divulga@casadapalavra.com.br
www.casadapalavra.com.br

CASA DO SABER - SÃO PAULO
Rua Dr. Mario Ferraz, 414,
Jardins, São Paulo - SP
(11) 3707-8900

CASA DO SABER - RIO DE JANEIRO
Av. Epitácio Pessoa, 1.164,
Lagoa, Rio de Janeiro - RJ
(21) 2227-2237
www.casadosaber.com.br

SUMÁRIO

ADVERTÊNCIA

Férias. Sempre estendidas para professores. Descanso merecido de um labor hercúleo? Esse é o discurso oficial. Repetido à saciedade pelos agentes interessados. Compensação em folga de vencimentos sempre vencidos? Mais provavelmente. Optei por Peruíbe. Convite de um amigo, natural dali. Alugamos uma casa. Familiares e amigos. Distante da orla por decisão orçamentária. Afinal, sempre é bom andar um pouco.

Com mãos cheias de apetrechos de praia. Deslocamento custoso em chinelas de areia. Valia a pena já levar alguma comida, como ovos cozidos, ainda na casca. Algumas bolachas com lascas de goiabada e queijo intercaladas. Tudo bem embalado. Em papel alumínio. Se não der para matar a fome, sempre há ambulantes vendendo biscoitos de polvilho. Acompanhados de refrigerante, preenchem todos os espaços.

– Levo o celular?

– Pra quê?, pergunta alguém.

– Melhor levar, adverte a esposa. Vai que, né! Algo importante...

Em casa sou sempre eu quem decide.

– Bom, então eu levo.

Duas mãos apenas e muitas unidades de tralha para deslocar. Queda previsível. Assim se fez.

Entre um mergulho e outro seu vibrar foi flagrado.

– Atendo?

– Se trouxe esta porcaria é para atender, não? Vê quem é primeiro...

– Tem razão.

O número me era desconhecido. A voz do interlocutor tampouco parecia familiar.

– Aqui é Mario Vitor. Seu ex-colega da Cásper.

Vixe Maria! O que será que o distinto correligionário de uma greve malograda poderia querer comigo naquele instante? Justo ali, onde finalmente – depois de alguns milhares de dias vociferando em classes – estava numa boa. Pachorrento. Prostrado nestas cadeiras reclináveis em três angulações.

A voz parecia tranquila. Trato elegante, indagou se incomodava. Menti. Propôs uma aula para aquela noite. Não caí na gargalhada em nome das parcas noções de polidez que minha anódina trajetória social permitiu interiorizar.

– Na casa de um figurão, acrescentou. Ele tem projetos de abrir um espaço bem bacana para cursos. Pode ser uma oportunidade.

– Então... Sabe o que é? Não vai dar. Estou com a família de férias no litoral sul.

Não sei porque, mas a palavra sul quase sempre confere alguma pompa ao lugar. Quase sempre.

– Acabei de chegar. A galera tá curtindo. Não tenho como aceitar.

Seguro de que eu voltaria atrás, Mario informou – sempre com muito tato – o quanto estavam dispostos a pagar para me ouvir.

– Onde fica a casa do cara?

Afinal, um décimo quarto salário em uma noite justificaria qualquer interrupção do veraneio. Vesti o melhor de que dispunha no balneário. Na falta de uma camisa social, meu anfitrião local insistiu que usasse um paletó seu. Ficaria estiloso com camiseta de algodão branca por baixo. Agarrava um pouco nos ombros. Mas se não tentasse abotoar talvez passasse batido.

A bordo do velho Ford Ka, depois de vencido o retão da rodovia Pedro Taques, comecei a subir a serra rumo à capital. No rádio AM, fiel antídoto contra a solidão e ansiedade, notícias do futebol e trânsito. Sempre patrocinadas por pilhas e conhaque barato.

Não daria tempo de passar em casa. Acabei chegando cedo. Antes mesmo do contratante. Os porteiros já me aguardavam. Fui encaminhado ao elevador. Dali para a cobertura. A porta do apartamento já estava aberta. Um portal. Destes pivotantes, com eixo a dois terços. E puxador vertical de dois metros.

Entrei. Havia pouca gente. Não conversavam entre si. Como na igreja, antes da chegada do padre. Alguma tosse atiçava o eco dos grandes espaços. Juntei-me a eles. Fiz-me notar. Fitaram-me com alguma curiosidade. Era hora das boas vindas ao calouro. Com trote e tudo. Sem tinta nem corte de cabelo. A distinção já cintilava.

Um jovem perguntou-me se estava informado sobre a temperatura em Aspen.

– Onde?

Na falta de esclarecimento e tentando diminuir o desapontamento esclareci que em Peruíbe o calor estava infernal.

Uma outra senhora queria saber se tinha ido a Bariloche recentemente. Disse que sempre pensou tratar-se de lugar de "gente simples", mas que para sua surpresa alguns hotéis eram dotados de uma extensa oferta de travesseiros, cardápios comparáveis aos melhores do mundo.

Pensei comigo, quem serão essas pessoas? Imaginei tratar-se de alguma pilheria em vídeo. Uma pegadinha. Eram atores, não havia dúvida.

Eis que começam a chegar outros convidados. Entre eles a atriz Maria Fernanda Cândido. A tese da conspiração midiática ganhava evidências comprobatórias. Logo em seguida, o dono da casa. Com ele, finalmente, Mario Vitor. Já não era sem tempo.

Fui anunciado. Sem os habituais exageros curriculares.

– O professor falará sobre o amor.

Do tema, fui informado ao mesmo tempo que meu auditório. Experiência de professor é para isso mesmo. Haveria de servir para alguma coisa. Duas décadas preenchendo o silêncio com discursos diversos. Não haveria de ser um jantar suntuoso e gente com hábitos distintos que me intimidariam.

Tomei a palavra e, com o entusiasmo de sempre, fui enunciando o que me vinha à mente. Arranquei com Platão e seu eros. *O Banquete* cairia bem ali. Afinal, amamos mesmo o que desejamos. E não há quem não deseje. O que lhe faz falta, claro. Amor pela cunhada, por exemplo. Pelas metas e resultados a alcançar. Pelo lucro esperado. Pela fatia de mercado que ainda teima em ser do concorrente.

Na sequência, Aristóteles. *Phila.* Amor na presença, desta vez. Pelo o que já é nosso. Pelo encontro vivido. Pelo o que alegra. Pelo regozijo. Amor mais raro que o primeiro, certamente. Afinal, ir atrás do que se deseja é movimento de qualquer um. Mas conseguir se alegrar com a mesma mulher um quarto de século depois do matrimônio, aí, sim, já exige um pouco de sofisticação. De elevação.

Faltava um terceiro amor. Os dois primeiros foram rápidos demais. Ágape, claro. Por que não tinha pensado antes? Minha salvação. Amor muito diferente dos dois primeiros. Amor pelo próximo. Por qualquer um. Por isto mesmo não se confunde nem com o desejo nem com a alegria de quem ama.

Afinal, não desejamos qualquer um – hum, depois de uma certa idade, não sei não. Tampouco nos alegramos com qualquer um. Como seria boa a vida e a convivência se assim fosse. Mas no mundo que nos cabe viver, o que mais tem é mala, convenhamos.

Ágape é afeto do amante, centrado no amado. Que por ele e sua alegria muito fará. Amor que faz bem a ambos. Bem demais. Confere às vidas colorido maior. Questão de descolar do próprio umbigo. Transcender o útil. Sentimento de muitos por seus filhos pequenos ajuda a esclarecer.

No meio da fala comentei que voltaria para Peruíbe ainda naquela mesma noite. E que me alegraria ao chegar porque todos me aguardavam. Que tudo fazia para que meus alunos se alegrassem nas aulas. Por pensarem melhor. Por passarem a saber o que ignoravam.

Decorridos 120 minutos – calculados graças ao imenso relógio checado amiúde com discrição – a aula terminou.

Aplausos masculinos de protocolo. Muito mais intensos das demais. Avaliação suspeita, como todas. E passamos à mesa. Tocou-me sentar ao lado do dono do pedaço. Posto de prestígio. Disse que tinha apreciado muito meu bom humor, em especial a criatividade para inventar aquela história... "como era mesmo o nome da cidade? Peruíbe, isso mesmo. Mario Vitor, este cara é impagável. Da onde ele tirou Peruíbe?"

Mario me fitava com dissimulada tensão. Temia o meu esclarecimento. De um sonho de verão finalmente concretizado a uma experiência, criativamente inventada, de uma realidade muito distante. Transcendência de classe. Ecumenismo social. Não cabia a mim desmentir o chefe.

Na madrugada, já na Imigrantes, com os bolsos cheios como nunca, perguntei-me sobre o que tinha acontecido. E a resposta só viria mais tarde. Novos tempos. Outros alunos. Novos amigos. Outras estratégias didáticas. Novas propostas.

Em Peruíbe, só a esposa permanecia acordada. Exigia relato completo. Fui logo perguntando sobre o tipo de travesseiro que me esperava: tecido da fronha, material interno, consistência... ao que sem muito entender foi logo esclarecendo:

– Não tenho ideia. Mas só tem um. Já dobrei uma toalha seca para você.

Sorri feliz. Nem tudo tinha se desmanchado no ar. Fidelidade a uma trajetória compartilhada. Para além do amor.

O espaço de cursos virou a Casa do Saber. E o primeiro deles, Grandes Questões da Humanidade, encontra-se aqui apresentado; um curso compartilhado. As primeiras quatro aulas, que correspondem aos quatro capítulos iniciais deste livro, foram ministradas por mim mesmo. As quatro últimas, apresentadas aqui do quinto ao oitavo capítulos, pelo professor capixaba Júlio Pompeu, coautor desta obra e indicado por mim para encantar na Pauliceia.

A transcrição foi fiel. Só foram eliminadas as repetições indecentes. As incoerências complicadoras. As frases que não chegaram ao fim. Os exemplos que nada exemplificavam. Os conceitos equivocados. E as paráfrases, enrolações, indispensáveis para completar o tempo das aulas. Tirando tudo isto, não sobrou muita coisa. São as páginas que oferecemos a sua leitura.

Nossa preocupação maior com este curso também é a de muitos outros professores: permitir o acesso de não iniciados a um pensamento por vezes hermético. Pretensão de muita gente. Com mais talento do que nós, Luc Ferry, em suas obras introdutórias, pega leitores quaisquer pela mão. E promete entregar as chaves do castelo. Permitindo-lhes invadir os cômodos mais herméticos dos pensamentos de Immanuel Kant, Friedrich Nietzsche, Martin Heidegger, Sigmund Freud e tantos outros.

Nossa ambição é menor. Conservando a metáfora, consideramos este curso como um guia turístico. Destes que você pega de graça em serviços de informação. Que informa a existência de castelos naquele lugar e incentiva a visita.

Por mais que digam o contrário, coisas lindas de ver estão ao alcance de qualquer um. Mesmo àqueles visitantes de menor mobilidade. Já outras exigem um guia. Alguém que já esteve por ali outras vezes. E que pode dar dicas preciosas. Ensinar o caminho das pedras.

Serão tantas as experiências fascinantes que você pode decidir se instalar por mais tempo. Estes castelos tem isso de bom. Acomodam todos os visitantes, indefinidamente. E os que se dispõem a conhecê-los com mais calma acabam não saindo mais. Quanto mais você fica, mais quer ficar.

Portanto, se você tem alguma coisa de muito urgente para fazer do lado de fora, que nada tem a ver com felicidade ou liberdade, deus, morte, valor, medo, alegria, esperança, utilidade, eficácia, conhecimento, linguagem, razão e outras bobagens deste estilo, é melhor não entrar. Aos menos ocupados, ou preocupados, o convite está feito.

Cada um dos temas propostos é objeto de uma literatura infinita. Sua apresentação em uma aula exige recortes dramáticos. Os critérios são de nossa total responsabilidade. Um mundo inteiro e de grande valor ficou de fora. Mas o que decidimos comentar também tem sua graça. Oxalá desfrutem.

Clóvis de Barros Filho

“Se consciência
significa memória
e antecipação, é
porque consciência
é sinônimo de
escolha.”

Henri Bergson

ÉTICA
Para uma vida boa

Falar de ética é tratar essencialmente da reflexão que se faz toda vez que é preciso identificar a melhor maneira de viver e de conviver. Ao primeiro olhar, ética talvez tenha a ver com vida boa, com felicidade. Mas, a verdade é que nem sempre se estabelece uma relação de equivalência, seja na teoria ou na prática. Ser ético não significa ter o passe livre para um cotidiano feliz. Basta observar como pessoas praticantes e defensoras da ética, íntegras e moralmente inatacáveis, respeitadoras das normas e leis preparadas e dispostas a uma convivência digna, estão expostas às intempéries existenciais. Elas adoecem, envelhecem, são traídas e abandonadas por amigos e amantes, enfrentam o luto e muitas outras dificuldades. A realidade é dura para todos, virtuosos e pústulas, sem o refresco de qualquer filtro moral.

A ética não é um tema fácil para ser abordado. Sempre haverá a suspeita de não haver nada de muito novo a tratar neste campo. Nem a ensinar, muito menos a aprender. A priori, de ética todos sabemos um pouco. Por isso, creio não ser recomendável admitir total ignorância no assunto. Pense na má impressão que causariam declarações como: "sou médico e de ética não entendo nada". Ou ainda: "sou político e ética não é o meu forte".

Nosso repertório sobre ética, em geral, contém alguns arquivos básicos, dispõe de referências, crenças mais ou menos compartilhadas, até algumas certezas consolidadas. Tudo aprendido no embalo das experiências da vida, na contingência dos encontros com o mundo e na complexidade das relações estabelecidas com outras pessoas. Este conjunto de fatores já estabelecido leva facilmente à impressão de que ensinar ética é muito mais difícil do que transmitir conhecimentos sobre ligações peptídicas, áreas geométricas ou energias potencial e cinética.

Ética tem a ver com convivência. Eis o seu objeto. Mas seu entendimento e compreensão implicam também em esforço intelectual porque é pensamento sobre a vida partilhada, sobre as relações. É um saber que mobiliza, que vem pelo outro e que curiosamente está ausente da nossa educação formal. Na escola, a reflexão sobre a convivência ocupa posição marginal ou nula. Confere?

É um paradoxo em meio a uma enorme gama de discursos pedagógicos que preconizam emancipação em relação aos conteúdos transmitidos aos alunos. Ainda hoje são mínimas ou nulas as possibilidades de ingerência sobre os temas curriculares. Há cadeiras obrigatórias e as eventuais disciplinas optativas, quando ocorrem, chegam tardiamente na vida do aluno.

Os currículos se impõem sem clemência, a ponto de docentes e discentes já saberem de antemão em qual série se estuda este ou aquele assunto. Na matemática, o ensino de logaritmo antecede o das matrizes; história geral é a da Europa e a dos

Estados Unidos. Mais recentemente, talvez o conteúdo esbarre um pouco em América Latina. Mas nunca chega até o Zaire, por exemplo.

Os livros de referência e as apostilas enquadram o conhecimento, propondo sequências de conteúdo cada vez mais engessadas, o que acaba por apenas treinar o aluno para desempenhos convincentes diante das instâncias oficiais de legitimação do conhecimento. Vide os exames para entrada nas universidades. Mas, o que dizer a respeito de seu mínimo preparo para a vida?

COISAS QUE CONVÊM

Muito do que aprendemos na escola é sobre o mundo. Sobre o lugar onde estamos, o terreno de jogo propriamente dito e as condições materiais da vida. Assim, entre outros temas, o que está em pauta é o movimento dos astros, climas e relevo, vegetação, nosso próprio corpo, com células, órgãos, sistemas vitais, etc. Tudo isso poderá nos interessar ou não. Mas raramente seremos estimulados a relacionar assuntos tão diversos com nossas trajetórias específicas.

Até aqueles que adoram física e química, que se encantaram ao descobrir a biologia como ciência da vida, devem admitir a existência de saberes que estejam mais diretamente relacionados ao existir cotidiano e cujo conhecimento é essencial para continuar vivendo. Uma coisa é saber sobre digestão celular e seu complexo de Golgi, outra bem diferente é dar-se conta de que rabada e mocotó – para boa parte das pessoas, acredito – não caem bem em refeições noturnas.

Nesta mesma linha de raciocínio, dos saberes para a manutenção da vida, podemos lembrar-nos de outros, quais sejam: como evitar um mergulho de cabeça numa piscina vazia ou tentar voar sem nenhum recurso flutuador. Ou como não confundir soro com vaselina na hora em que precisamos mais dos nutrientes do primeiro do que da natureza lubrificante da segunda em nossa corrente sanguínea.

Neste rol, estão exemplos que caracterizam um aprendizado mais geral, digamos. Isso sinaliza que o saber também está relacionado à apreensão de dados e informações que se relacionam de maneira mais particular às nossas demandas específicas, de modo a identificar aquilo que não nos convém, discriminando do que nos convém. Tais informações são uma espécie de kit básico para perceber que as coisas do mundo não nos são indiferentes. Que algumas nos caem bem e outras nem tanto. Para sempre ou pelo menos por algum tempo. E que isso define o juízo que vamos estabelecer, quanto ao que é bom ou mau.

FAZER TABELA

Os mais otimistas poderiam concluir, a partir daqui, que ficou fácil viver. Afinal, pelo que foi exposto bastaria ir ao encontro das diferentes coisas do mundo para, em seguida, relacionar-se com elas, deixar-se afetar e, finalmente, classificá-las como convenientes ou não. Aos poucos disporíamos de uma longa lista, com itens que poderiam ser dispostos em duas colunas. O mundo em tabela.

As coisas que nos fazem bem são comumente posicionadas à esquerda enquanto o universo do mal é devidamente acomodado à direita. Uma vez enquadrada e classificada uma amostra significativa de mundo, teríamos plenas condições de reduzir o risco de encontros lesivos. Bastaria evitar as coisas ruins e forçar a barra para encontrar as boas.

Pensando assim, quanto mais minuciosa for essa categorização do mundo, menor a chance de ter que encarar uma surpresa negativa pela frente. As colunas poderiam se subdividir ao infinito. Assim, poderíamos preferir dentre os filmes dirigidos por Woody Allen, somente aqueles em que ele participa como ator. Como também entre os ovos, exclusivamente os caipiras, fritos e com gema mole. E também as entrevistas inspiradas daquele vitorioso técnico de futebol – especificamente em dias de particular mau humor.

Volta e meia lembro uma conhecida apresentadora de televisão que em seu programa matinal infantil costumava relatar como dica pessoal infalível para a vida o ato de colocar-se numa bolha. No caso dela, era a própria casa e tudo o que proporcionava prazer ali. Fora da bolha, eram os serviçais que resolviam tudo – a parte chata, em suma.

Quem dera essa tal bolha realmente funcionasse e que tudo que nos alegra estivesse do lado de dentro, à nossa disposição, prevalecendo sobre as tristezas do lado de fora, bem longe de nós. Que bom seria classificar o mundo que encontramos em direita e esquerda e acertar sempre. Quem dera eliminar o desconforto e perenizar o prazer.

Mas não parece ser assim tão simples, nem mesmo para os mais otimistas. Afinal, muitos dos efeitos que o mundo produz em nós não se adequam à ilusória segurança do modo tabela.

VIDAS ESCOLHIDAS

Nas relações que mantemos com outras pessoas, isso é visível. Quando interagimos, somos afetados pela ação do outro (ou pela interpretação que dela fazemos) e vice-versa. Nossa ação produz efeitos que participarão da vida desse outro e, geralmente, em alguma medida nos importamos com este outro. Seja por princípio moral, por amor, por compaixão ou qualquer outro motivo: sabemos que nossa conduta vai afetá-lo. E isso também importa. E muito.

Constantemente somos chamados a decidir pelos melhores caminhos a seguir, a fazer escolhas. Quando decisões deste gênero implicam tristeza ou frustração do outro, nos sentimos responsáveis, sofrendo pela escolha feita. Porém, esta é a realidade – para viver uma vida de verdade abdicamos de muitas outras. Toda escolha pressupõe renúncia, sensação de perda. E nesta missão da escolha, muitas dúvidas são previsíveis e recorrentes.

Questões que se apresentam com frequência: devo mentir em meu proveito? Ou em proveito do outro? Devo respeitar um compromisso assumido há tempos, mesmo sabendo que me trará prejuízo? Se alguém suspeito se aproxima, em local deserto, devo partir para cima mesmo sem ter certeza de tratar-se de um agressor? As perguntas poderiam ser enfileiradas até o infinito.

ESCRAVOS DAS PAIXÕES

Para alguns pensadores reconhecidos – prefiro não nomeá-los por ora – toda escolha existencial, aparentemente resultante de uma atividade soberana da razão, é estritamente determinada pelos afetos. Ou seja, por alegrias e tristezas, medos e esperanças. A vida melhor seria simplesmente aquela que nos alegra mais.

Neste caso, seríamos escravos das paixões. Do esforço para perseverar na luta pela reafirmação da própria potência, pela essência da vida. As deliberações ditas morais, então, corresponderiam rigorosamente às inclinações afetivas dominantes. Sendo assim, optaríamos por uma postura mais corajosa, quando o tesão fosse maior do que o medo. E por outra mais prudente quando o temor predominasse.

Só nos distinguiríamos entre as demais espécies do reino animal pela pelo grau de complexidade semiótica. Pelo rebuscamento na hora de justificar as escolhas feitas, pelas justificativas apresentadas por ocasião da definição deste ou daquele caminho. E toda impressão de liberdade ou de autonomia decisória seria decorrente de nossa ignorância a respeito da origem dos nossos apetites relativos à interação entre os nossos afetos e a produção intelectiva.

Neste caso, todo juízo moral não passaria do somatório de vetores afetivos. De uma combinação de paixões. Toda valoração moral dependeria, em suma, dos sentimentos. E, a princípio, tudo estaria bem assim. Cada um com suas sensações, na particularidade de suas relações com o mundo.

O problema é que não vivemos sozinhos. Se fôssemos somente eu e a cerejeira, por exemplo, tudo estaria resolvido. Esta última seria linda desde que inspirasse em mim, seu observador, o mais puro e pleno encantamento. Ou, nem tão linda assim seria, se me entediasse. Mas, dentro do princípio básico de realidade, temos que considerar que fora do doce círculo eu-cerejeira-eu, há um mundo inteiro de pessoas. Há quem traga na bagagem alguma potência de vida e já chegue querendo mais. Há quem anseie por alegrias, que resista e insista na essência do próprio ser.

É uma gente com desejos semelhantes, ao primeiro olhar, mas se comparadas mostrarão que são afetadas diversamente pelo mundo. O que me alegra pode entristecê-las e vice-versa. Então, temos aqui um problema na hora de identificar o valor das coisas e das condutas. Pela primazia dos afetos, uma mesma coisa ou conduta poderá assumir valores opostos dentro de um mesmo universo de referências. E qual é a questão, afinal? Que cada um estabeleça um critério de valoração em função da singularidade dos seus próprios afetos. Neste caso, a cerejeira seria bela para uns e feia para outros.

VALORES CONVERGENTES

Nada demais se a sociedade pudesse comportar a tensão de tamanha diversidade de opiniões. Pois até aqui, se o desentendimento sobre a beleza da cerejeira não compromete tanto a ordem social, o mesmo não se pode dizer de um estupro, a conjunção carnal sem a aquiescência de uma das partes. Ao tomar a valoração da conduta atrelada aos afetos, poderíamos, com os exemplos mencionados, chegar a dois cenários: positivo para o estuprador e seu gozo; negativo para a vítima e seu trauma – ou até morte, talvez. Neste caso, teríamos que aceitar um empate. Alegria que anula tristeza.

Suponho que agora seja mais difícil concordar com o romantismo da ética pautada pelas paixões. Fica claro que o valor moral deste tipo de conduta não pode ficar à mercê das variáveis afetivas trazidas pelos agentes do fato. A vida em sociedade supõe alguma concordância sobre o que seja valor. Tanto das coisas como das ações humanas. Pelo menos daquelas que podem comprometer gravemente os fluxos sociais.

Não por acaso, as instituições condicionam a admissão de seus membros ao conhecimento e aceitação de alguns valores. Para que sejam conhecidos constam em códigos de conduta, são exibidos em cartazes, repetidos a exaustão em alto e bom som, exercitados em eventos motivacionais. Mas sempre caberá a pergunta: por que determinados valores são eleitos como válidos em detrimento de seus contrários?

A desconfiança no lugar da confiança, a opacidade no lugar da transparência, o prazer no lugar da disciplina, o máximo benefício imediato no lugar da sustentabilidade do negócio, a superioridade étnica no lugar da equidade e assim por diante. Frente à tamanha oferta, é preciso simplificar. Reduzir. Escolher alguns valores que possam ser respeitados por qualquer um. Universalmente talvez. Porém, como o que alegra uns não atende a todos, o que se vê é uma luta pela generalização do valor que corresponda à própria alegria. Aos próprios interesses. Que seja o meu valor, o verdadeiro valor.

Desta forma, o mundo acaba por se converter numa arena de luta, onde agentes se digladiam pela definição do valor legítimo das coisas. Com isso, os resultados são sempre provisórios e ficamos reféns de uma relação de forças sempre passível de subversão. Por este caminho, a ética torna-se uma questão de poder.

LIVRES PARA VIVER

Para muitos outros pensadores, também considerados clássicos, as escolhas da vida não podem estar à mercê de nada disso. Quero dizer, dos afetos especialmente. De modo diverso, devem respeitar normas e critérios que não levem em conta o sentimento ou a paixão, mantendo-se alinhadas com valores denominados absolutos. Assim, seria possível deliberar na contramão dos afetos e em nome do dever. Em teoria, só neste caso teríamos certeza da própria liberdade e dignidade.

Mas, quando usamos a razão para escolher entre as várias condutas possíveis para serem adotadas na vida, não é difícil constatar que nem sempre a conjugação de fatos obedece a uma equação na qual as componentes se combinam perfeitamente. Muitas vezes parece nem haver uma equação. A fertilidade mental e a riqueza de variáveis complicam ainda mais a história e jogam contra, imobilizando e potencializando os efeitos contraditórios que as coisas do mundo impõem sobre nós, como no caso das interações com outras pessoas.

POR QUE NÃO MENTIR?

Por exemplo: a mentira é, para muitos, sempre condenável. Inaceitável, porque corrói uma premissa importantíssima da vida e da boa convivência que é a confiança. Mas há quem não concorde que o princípio da verdade seja válido em qualquer situação. Proponho a reflexão, mas confesso que não consigo fazê-lo sem deixar vir à lembrança os gritos do meu pai, condenando categoricamente a mentira e ameaçando-me de severa punição.

Para poder viver, supomos a existência de muitos fatores que no momento de fazer escolhas não estão diante de nós e que não podemos checar por nós mesmos. Partimos de determinadas certezas que prescindem de constatação e pressupomos que estarão presentes na hora de exercer a convivência com o próximo, com suas ações e seus discursos. Na hora de agir, de optar por uma conduta, valorizando-a em relação a muitas outras, de jogar no lixo soluções de vida em nome daquela que nos parece melhor, servimo-nos deste tipo de certeza. Confiança para alguns, fé para outros.

Quando interagimos, recebemos informações de terceiros sobre coisas que não podemos verificar a veracidade, a qualidade. E não há escapatória em relação a isso. Precisamos saber muito mais do que nossos olhos enxergam ou do que a posição de nosso corpo no mundo nos autoriza perceber. Por isso, o único caminho é confiar e acreditar naquilo que nos contam.

Um jornalista assina uma matéria. Sabemos que seus patrões e os anunciantes do jornal para o qual ele trabalha têm muitos interesses a preservar. Sabemos ainda que costumam apresentar os fatos no espaço que dispõem e da forma que mais lhes convém. E não poderia ser diferente, uma vez que o mundo é grande demais para ter a íntegra de acontecimentos acomodados em umas poucas páginas ou em alguns segundos de notícias.

Mas, a despeito deste contexto, na hora em que você abre o jornal de manhã e se dispõe a ler suas páginas é porque tem boa margem de certeza de que os fatos relatados ali aconteceram realmente. E, quando você conduz seu veículo e muda de trajeto por conta de uma informação de trânsito ouvida no rádio, é por estar seguro de que o caminho habitual estará congestionado.

Se mentirmos sobre nós mesmos, estaremos impedindo nossos interlocutores de conhecerem nossas práticas, hábitos, apetites... Em resumo: de saber quem somos, o que impediria nossa identificação e qualquer crédito de confiança na veracidade de nossas afirmações.

O efeito benéfico de qualquer afirmação mentirosa é sempre de curto alcance. Pouco sustentável. Porque uma vez associada a prática da mentira a um determinado autor, suas declarações tornar-se-iam a partir de então suspeitas. "Este não é de confiança", diríamos seguramente. E, se por hipótese, todos se tornassem mentirosos, se a mentira virasse regra universal, qualquer iniciativa mentirosa seria ineficaz. Ninguém daria crédito a um mentiroso, ainda mais consciente de estar diante de um deles. Isso tornaria a convivência impossível. Portanto, só podemos concluir que mentir não é adequado. Não ajuda a viver e conviver bem.

POR QUE MENTIMOS MESMO ASSIM?

Apesar de toda essa argumentação, o fato é que mentimos com frequência. Uns mais, outros menos. O que nos leva a pensar que de duas uma: ou somos ignorantes e não sabemos viver, servimo-nos de uma razão viciada e erramos a cada mentira; ou então, a mentira nos parece, em situações concretas da vida, muito conveniente.

Primeiramente para nós, com certeza. Mas também conveniente para o outro, o interlocutor, a vítima que será em tese preservada e disporá de um unguento, uma sobrevida, um alívio ainda que temporário, um bálsamo protetor face à tristeza que supostamente ensejaria a verdade. Seria um recurso para os momentos em que a sinceridade fosse cruel demais. Será que um doente, em estado terminal, precisa mesmo de relatos verídicos?

E você, na hora de terminar um namoro ou casamento, no momento de dar as devidas justificativas, precisa mesmo revelar que encontrou outro ou outra, em melhores condições de proporcionar prazer? Com apetrechos e dotes que não consegue tirar da cabeça? Será tão necessário assim passar em revista os talentos e competências profissionais do pretendente?

Muita gente sabe bem as razões que motivam o novo amor. Ou pelo menos conhece os fatores determinantes da troca. Mas mente, na hora de justificar ao incrédulo cônjuge a decisão tomada. Diz que o problema é pessoal. Que não se sente à altura daquele parceiro. Garante que o outro é legal em demasia, que se pudesse escolher alguém para passar a vida eterna não hesitaria em procurá-lo novamente. Mentiras: por compaixão. Mentiras no lugar da verdade que pode agredir muito. E, convenhamos, muitos de nós não suportamos ser a causa da tristeza do outro. Seja o outro quem for.

Resumindo: parece óbvio que a mentira não convém. E, ao mesmo tempo, parece inevitável mentir. Isso nos remete a uma comprovação simples: não há facilidades quando se trata de aprender a viver. É muito diferente de saber lidar com geografia ou eletricidade, porque no caso destas e de outras ciências, mesmo que suas leis possam ser a qualquer momento revisadas por alguma experiência superveniente, as tais leis estarão presentes e com aplicabilidade reconhecida. Já sobre a melhor forma de ação na convivência, não há lei que impere, não há receita ou fórmula que assegure sucesso nas escolhas.

VALORES COMPLEXOS

Porque para deliberar é preciso lidar com opostos. Neste campo, o tempo todo estamos nos ocupando com contradições, com uma gigantesca complexidade de situações, em conflitos de máximas e deveres. Max Weber – para citar o exemplo de apenas um dos analistas desta complexidade – distingue a ética de princípios ou de convicção da ética de responsabilidade. A última está fundada nos fins e a primeira nos meios, com propostas absolutamente inconciliáveis. Sem que se possa impor a quem quer que seja a adoção de uma ou de outra.

Encontra-se uma contradição entre valores, entre meios e fins. Tanta complexidade acaba por desautorizar um entendimento sistêmico da ética. Há uma frase de Lenin que expressa bem este aspecto. Se não for exatamente este o texto, é muito próximo de algo como: "nós reconhecemos o valor da camaradagem, o valor da ajuda a todos os camaradas, o valor de tolerância às suas opiniões. Mas para nós este valor da camaradagem é secundário em relação ao dever que temos face à social democracia russa e internacional, e não o contrário."

A segurança ética parece necessária para a convivência. Para a vida em sociedade. Mas ainda fica faltando explicar o fundamento da hierarquia de valores que ela envolve. O porquê da primazia de uns sobre outros. O valor do valor.

Certa vez, em palestra para a alta cúpula de uma multinacional, um diretor da empresa me pediu para apresentar em telas de Powerpoint os valores ditos essenciais, em ordem decrescente de importância. Para facilitar a minha vida, segundo ele, bastaria indicar os *top ten*. Fiquei surpreso com a demanda e com a suposta gentileza. Esquivei-me ao máximo, alegando ignorância quanto ao uso do software para apresentações. Mas, a desculpa não foi eficiente. O homem me autorizou a usar lousa e giz!

Foi quando tive que esclarecer que eu ignorava a tal lista que ele pedia. Não pegou bem admitir ignorância num mundo de tantas certezas. Meu interlocutor fitou-me como se houvesse uma lacuna imperdoável no meu repertório de saberes pessoais, tomando-me por displicente, como se eu houvesse cabulado aula de importância fundamental.

Para tentar reverter a frustração do homem tive que apelar. Afinal, tratava-se de um diretor. Comecei por perguntar se ele conhecia Deus. Ele respondeu que sim, em tom de total obviedade. Muito normal, aliás, afinal Deus e diretores costumam trabalhar no mesmo andar. Cruzam-se no corredor. São íntimos.

Pois bem, continuei dizendo que quando Moisés se comunicou com Deus lá no alto do Monte Sinai, recebeu uma lista de valores, objetivados em mandamentos. Mas não constava em nenhuma parte da mensagem, que o quarto mandamento tivesse prevalência sobre o quinto, o primeiro sobre o terceiro... Conclui-se, assim, que, no caso de conflito entre eles, Deus deixava na mão do nobre executivo a tarefa de decidir. "Livre arbítrio total", exclamei com sarcasmo.

Meu anfitrião indignado concluiu, então, que jamais poderia saber qual dos valores tinha maior relevância. Concluiu também que, naquele caso, nunca poderia ter certeza do melhor critério e, consequentemente, da melhor opção para a vida. Inquiriu-me sobre como fazer para não errar e teve nova decepção.

Admiti não ter a menor ideia sobre isso e, sem poder oferecer uma resposta, completei afirmando que, se fosse diferente, erraria menos nas minhas próprias decisões. Argumentei que se ele encarasse a complexidade da vida com humildade ganharia distância deste mundo delirante das fórmulas garantidoras de sucesso. E proximidade da crueza das coisas, como elas realmente são.

Quando alguém argumenta no campo da ética sobre a melhor maneira de viver e conviver, não se contenta com a parcialidade de seu ponto de vista, busca o convencimento, aspira a universalidade. Porque a sociedade ou a civilização não tolera tanta diversidade de valores. Precisa se proteger. Manter a ordem.

No processo de redução desta complexidade, alguns pontos de vista serão elevados ao *status* de regra para todo mundo. É quando algumas impressões dispersas viram código. E outras não. E algumas vidas de qualidade são convertidas em protocolo de qualidade de vida. Conversões conflituosas, que implicam quase sempre na luta pela legitimidade de definir o que é ético e o que não interessa que seja.

Para prosseguir no tema, experimente enveredar pelo conhecimento disponível em: "Ética", o artigo do professor Renato Janine Ribeiro, publicado no livro *Comunicação na Polis: ensaios sobre mídia e política*, e no capítulo sobre moral do livro *Apresentação da filosofia*, de André Comte-Sponville. Depois, explore o excelente *Ética para o meu filho*, do professor da Universidad Complutense, Fernando Savater. E, se ainda houver tempo e ânimo, não abra mão da leitura de Edgar Morin, em *Ética*, livro que integra uma extensa coleção chamada "O método". O best-seller *Aprender a viver: a filosofia para os novos tempos*, de Luc Ferry, é uma introdução saborosa, e *Convite à filosofia*, de Marilena Chauí, será sempre bem-vindo.

"Primeiro vem o estômago, depois a moral."

Bertold Brecht

MORAL
Reflexões para viver

Ética e moral têm a mesma origem etimológica. *Ethos*, em grego, e *mor*, em latim querem dizer a mesma coisa: hábito, prática recorrente. Um bom ponto de partida para a reflexão iniciada agora é observar que para o senso comum, *ética* e *moral* sempre foram usadas indistintamente mescladas em seus significados. Mesmo entre os iniciados, muitos não veem interesse ou sentido em estabelecer diferença entre os dois termos. No entanto, apesar de tanta proximidade, para a maioria dos autores especializados, ética e moral querem dizer coisas muito diferentes.

Antes de falar mais detalhadamente sobre isso, cumpre fazer um alerta básico. É preciso lembrar que palavras como ética e moral são signos. Como tal, são também materialidades que remetem a significados que lhes são exteriores. Pense que as coisas do mundo que não são palavras também podem ser entendidas na sua literal materialidade ou como signos, indicativos de outras coisas. Uma maçã, por exemplo. A palavra tem como correspondente físico a fruta. Não há dúvida. Mas ela remete também às ideias de alimento, saúde, pecado, erotismo, dieta, entre muitas outras.

Quando refletimos sobre ética há um complicador. Vejamos: se, no caso da maçã, tanto a palavra como a respectiva materialidade são facilmente distinguíveis, na ética a história é diferente. O pensamento que se serve da palavra e a materialidade se confundem. Tudo porque ética é também pensamento, elucubração intelectiva, que ganha completude na vida, na ação, na convivência.

Mais um detalhe: costumamos dizer que todo signo é ideológico. Seu uso, portanto, não é neutro. Isto é, atende aos interesses daqueles que dele se servem. Tudo porque significar as coisas do mundo é forma privilegiada de manifestar o que se pretende. Seja quando somos agentes sociais singulares ou como membros de um grupo, classe, etc.

Por exemplo, quando digo as palavras "universidade pública", confiro-lhes um sentido que me interessa: 100% gratuita, laica, sem fins lucrativos, voltada para a pesquisa, dedicada à produção de conhecimento e para a sociedade como um todo. Mas essas mesmas palavras podem querer dizer muitas outras coisas. E esses múltiplos sentidos têm a ver com os interesses dos agentes que se servem desta significação. E todos estarão sempre empenhados em obter a adesão dos demais aos sentidos que mais lhes convêm, para, assim, torná-los legítimos.

O problema é que vivemos em sociedade e nem sempre os interesses são compatíveis – os nossos podem divergir dos outros, podem ser inclusive excludentes entre si. E diante de interesses contraditórios, haverá luta pela definição daquele que seja o bom sentido. No caso da ética, o troféu é precioso.

DISTÂNCIAS E APROXIMAÇÕES

Todo homem – na singularidade de sua trajetória pessoal – vive situações que se convertem em problemas morais. Para resolvê-los, ele analisa possibilidades, pondera efeitos das possíveis condutas, formula juízos e acaba tomando finalmente uma decisão.

No entanto, quando pretendemos que nossos juízos tenham validade que transcenda nossas singularidades, que possam ser aplicados para qualquer situação, passamos do pessoal para o impessoal, do particular para o genérico, da ação para uma filosofia da ação, da moral para a ética.

Desta forma, propõe-se que a ética seja uma teoria – ou uma ciência – da moral. Ou, esta última objeto da primeira. Por isso, os códigos de exercício profissional bem como os da maioria das empresas e organizações não são denominados códigos de moral, mas sim de ética.

Uma vez entendida e aceita esta diferença entre ética e moral, sempre será possível destacar aproximações. De um lado porque uma ética que ignorasse os dilemas morais de gente de carne e osso seria um simples arranjo lógico de máximas e princípios. Inversamente, por mais específicos e particulares que possam ser as situações em que vivemos no mundo, sempre haverá de se considerar – socializados que somos – princípios éticos objetivados em cultura, em saberes práticos, em disposições. Mas aqui cabem algumas precisões conceituais.

REFLEXÃO PARA A VIDA

No capítulo inicial, falamos que ética é ao mesmo tempo reflexão sobre a vida e vida praticada. Simultaneamente princípio e ação. Norma e deliberação. Para Aristóteles, o objeto da ética é a *praxis*. Para Kant, a vontade. Para ambos, é a ação submetida à razão.

Sócrates, por sua vez, nos adverte que uma vida impensada, não examinada por quem a vive, não vale a pena ser vivida. Isso nos leva a refletir sobre o seguinte: toda ação que não esteja imbricada num processo deliberativo está excluída do campo da moral. Como ficamos, então, diante das exigências do cotidiano e dos inúmeros processos que se tornam automáticos na vida?

Nosso corpo está em movimento. Internamente, na relação entre suas partes. Externamente, na relação com outros corpos. Quase todo este movimento dispensa intelecção e ocorre quando estamos pensando em outras coisas diferentes dele mesmo.

Ao dirigir nosso veículo, agimos o tempo todo. Movimentos intercalados, correlatos, sequências de grande complexidade. Mas, exceto se estivermos ainda na autoescola ou que tenhamos algum problema, todas estas ações dispensam a intervenção explícita de nossas instâncias deliberativas. Na maior parte do tempo, andamos no piloto automático.

Internamente, os movimentos dependem menos ainda de nós. Interferimos episodicamente, por meio da alimentação, do uso de medicamentos, etc. Mas quase a totalidade dos processos que ocorrem dentro do nosso corpo dispensa nossa participação. Até mesmo quando implica alguma relação com o mundo. Na premência da diurese. Ou da diarreia. Ou ainda no trabalho do que se poderia classificar "devolução alimentar" ou, mais popularmente, convocação do Raul.

Mencionar esse tipo de situação me faz lembrar de Madame Catrangy, professora do meu filho no maternal, em Paris. Na iminência da aposentadoria, era mulher de aparência trivial para a idade. Certa vez, chamou-me na escola e advertiu: "Escute, senhor, seu filho Martin vomitou no corredor." No primeiro momento, imaginei que estivesse preocupada com o estado de saúde do menino. Mas depois logo entendi tratar-se de uma advertência. De uma avaliação de comportamento. De um tratamento moral a uma manifestação – anomalia digestiva – que não pertencia ao seu campo de atividade. A conduta ali apreciada não era objeto da moralidade, mas foi tomada como tal, contrariando a teoria de Sócrates.

No dia a dia lidamos com muitas situações semelhantes. É certo que deliberamos o tempo inteiro para viver e muito da nossa intervenção no mundo resulta diretamente de uma apreciação, de um juízo. Em outras palavras, quero mostrar que se a vida fora da moral é ampla, aquela que lhe diz respeito diretamente também o é.

ATO MORAL

Vou além para dizer que o objeto da ética não é tanto a ação, mas tudo o que possa guiá-la, norteá-la. Em suma, a ética se dispõe ao estudo de um certo tipo de ação humana, normatizável pela razão e que doravante denominaremos ato moral. E que não se entenda esta norma como lei científica sobre o comportamento, como em algumas psicologias e sociologias. Mas como um conjunto de princípios seguidos livremente pelo agente.

Por conta desta interdependência entre a razão prática e a conduta, a estrutura do ato moral é complexa. Constituída por elementos subjetivos e objetivos, diria um jurista. Tais como motivação para agir, consciência dos fins visados, valores morais, consciência dos meios mais adequados para alcançá-los e materialização dos resultados.

Sobre a motivação, podemos dizer o seguinte: todo ato moral tem uma motivação. Sua causa eficiente. Material e afetiva. E muitas podem ser as motivações para qualquer ato. Assim, não aceitar um cargo público em um governo local sabidamente corrupto pode ter muitas motivações. Isso pode se dar pela paixão por certos princípios, pela preocupação com a imagem impoluta, pelo altíssimo salário já percebido na iniciativa privada. Enfim... Nestes casos, o sujeito tem plena consciência dos motivos que levam às suas atitudes. E esta motivação da qual o sujeito tem consciência integra o ato moral. É sua condição.

Mas nem sempre temos consciência das nossas motivações. De um modo geral, nossa competência para perceber os próprios afetos é muito rudimentar, o que explica o fato de muitas vezes agirmos em plena melancolia, por ciúme, por excitação ou por ira, sem nos darmos conta. E tais ações encontram-se, por isso, excluídas do campo da moral. Não podem ser objeto de aprovação, desaprovação ou responsabilização. Serão levadas em conta em outras esferas, jurídica e psicanalítica, por exemplo. Afinal, alguém precisa proteger a sociedade. Ou tentar lidar com nossos demônios.

FINS

Por conta das motivações, sejam elas percebidas ou não, conjecturamos sobre as várias possibilidades de vida futura. São os fins do ato moral. "Não sei se me caso ou se compro uma bicicleta", sugere o dito popular quanto trata do indeciso. A questão aqui é que todo ato moral implica a consciência de um fim. Um ponto de chegada. Mesmo que seja provisório. E este fim é sempre uma antecipação mental, ideal da vida a ser vivida.

Não se pode confundir motivação com fim. Um tem a ver com o outro, mas definitivamente não são a mesma coisa. Motivação é energia vital. Oscilação de potência. Afeto. Coisa que sentimos. O fim ou finalidade é planejamento. Projeto. Coisa que pensamos.

Se não ficou claro, podemos tentar com outras palavras. Motivação é tesão. Excitação. Ganho setorizado de potência, nem sempre consciente. Fim é fantasia, imaginação, sempre consciente. Nem a motivação nem o fim esgotam o ato moral. Porque moral é *praxis*. É preciso decidir, além de antecipar. E agora você já tem todos os ingredientes para entender o que é vontade, o que significa um ato voluntário. Trata-se da antecipação mental da vida, seguida da decisão de vivê-la.

Mais um detalhe: há uma distância entre o fim e a decisão. Tudo porque várias vidas podem passar pela sua cabeça. São muitas as antecipações possíveis. Muitos os fins que podemos perseguir. Bem como os meios para alcançá-los. Porém, para que haja decisão, no comparativo de várias vidas cogitadas, é preciso jogar no lixo a maioria. Só aquela que é identificada como melhor será vivida.

VALOR MORAL

E essa identificação pressupõe a adoção de um critério. Isto é, de um valor moral que nada mais é do que um critério existencial, a partir do qual os fins serão valorados. Sobre a definição de valor moral nunca houve unanimidade. Grosso modo, podemos encontrar duas formas muito diferentes de concebê-lo.

De um lado, está aquela definição defendida pelos herdeiros de Platão ou por muitos dos que são chamados objetivistas. De outro lado, está a corrente que é trabalhada por subjetivistas ou relativistas. Os primeiros tendem a entender o valor determinado a partir de um critério único, que já está definido e se impõe a nós indistintamente. É absoluto, portanto. Para alguns pensadores, como Marcel Conche, filósofo contemporâneo e excelente professor, o sofrimento de uma criança é o mal absoluto. Inaceitável em qualquer situação. Tanto como meio – para alguma coisa melhor – quanto como fim. É diferente da dor de dente, um mal relativo, aceitável como meio para uma boca melhor e mais saudável.

Segundo esta concepção, o valor não depende de nada. Nem da época, nem do lugar, nem das eventuais oscilações de humor de cada um de nós. Este critério único é ideal e conhecê-lo é condição para uma boa decisão moral. É nisso que está pautada a perspectiva objetivista ou o objetivismo axiológico, para os mais pedantes, que é defendido por autores idealistas do nosso tempo como Max Scheler e Nicolai Hartmann.

Mas, e se não houver este gabarito absoluto para a melhor das vidas a viver? Para a boa aula? O bom romance? Ou para nada? Neste caso, tudo estaria na nossa mão. Dependeria do nosso apreço do momento. Valor inscrito no fluxo da existência. Sem referência fora dela. Sem nada nem ninguém acima, para empatar o jogo.

Os valores agora seriam, então, relativos. Determinados ao sabor dos encontros com o mundo. Dos afetos de Espinosa. Das alegrias e tristezas, dos prazeres e das dores. Neste caso, seria bom tudo que alegra, no tempo e na intensidade que alegra. E ruim, tudo o que entristece. Perspectiva subjetivista, portanto. Ou subjetivismo axiológico, defendido por R. B. Perry, I. Richards, C. H. Stevenson, entre outros.

Subjetivismo, com uma ressalva. Que este sujeito, todo poderoso definidor dos valores do mundo, seja entendido como o resultado, sempre provisório, de um interminável processo de socialização, num mundo social concreto, inserido histórica e geograficamente. Porque ele vive neste mundo. E está em relação ininterrupta com ele. Na impermanência dele e do mundo. Relação objetivada em encontros. Que vão esculpindo seu corpo. Transformando.

Tudo posto sob a perspectiva de interesses dominantes, com posições de poder e suposta ordem social. Com meios e fins morais legítimos e autorizados pela civilização. Com os troféus reconhecidos. Canalizando as energias vitais na direção do que vale a pena perseguir. Para que busquemos o bem e evitemos o mal.

MAL E BEM

Quando o tema é ética, a reflexão sobre o mal se impõe quase naturalmente. O primeiro impulso é defini-lo como o contrário do bem. Mas pode ser uma medida pouco eficaz, quando não se tem clareza sobre o que exatamente vem a ser o bem. Acredito que definir o mal pelo bem é regredir em entendimento e minha afirmação está fundamentada na certeza de que conhecemos muito melhor o mal do que o bem.

Há uma ideia que sempre me encantou e que é inspirada na leitura de *Pensamentos*, de Blaise Pascal, um dos pesos pesados da filosofia cristã. Também é muito cara a Sponville, quando o filósofo francês fala do assunto. Trata-se de discutir a assimetria entre o bem o mal. Este último, de acordo com os dois pensadores que acabei de mencionar, é gigante, cristalino e onipresente. Enquanto o primeiro, configura-se suspeito, frágil e raro.

Sugiro que para compreender melhor esta comparação, você pense também na assimetria entre o verdadeiro e o falso, que é analisada por Karl Popper, filósofo nascido no início do século XX. O falso parece estar em todas as partes, enquanto o verdadeiro encontra-se sempre sob suspeita, desde as reflexões propostas por David Hume, sobre a indução. Como passar do fato à lei? Como a observação empírica de uma infinidade de fatos poderia autorizar uma lei universal? A rigor, não autoriza.

Como verificar a veracidade da proposição: todos os cisnes são brancos? Por mais cisnes que tenhamos visto, que sejam mil, por exemplo, e todos brancos, nada garante que o milésimo primeiro seja também branco. A proposição é, portanto, inverificável. Bastaria encontrar um único cisne negro para que fosse falsa.

O mesmo se passa com o bem e o mal. Quando julgamos que alguém agiu bem, logo nos damos conta da fragilidade de nosso juízo. A boa ação parece sempre suspeita. O bem é sempre duvidoso. Assim, dar algum trocado a um pobre pode corresponder a inúmeras motivações egoístas: aliviar algum peso de consciência, parecer generoso a terceiros, ser merecedor de alguma recompensa transcendente, etc.

Em contrapartida, alguém que rouba de pobres – como no desvio de verbas públicas de programas de assistência emergencial a vitimados por alguma catástrofe natural – age mal. Indiscutivelmente. Porque o mal se presta menos a dúvidas. É mais transparente. Cristalino.

Partindo da Teodiceia, o filósofo alemão Gottfried Leibniz nos propõe três tipos de mal: o metafísico – a imperfeição de não ser Deus – o físico – o sofrimento – e o moral – o pecado, a canalhice. Do primeiro, o mal metafísico, ocupar-nos-emos nas aulas sobre Deus. Interessam-nos aqui os dois outros. O físico e o moral.

O mal físico é sofrimento. É ódio pelo mundo, que entristece e faz sofrer. Nada disso se confunde com o mal moral. Que é deliberação racional inadequada sobre a própria conduta. Mesma distância que separa o amor do bem moral, da virtude. Amor é sentimento. Afeto do corpo. Inexorabilidade decorrente dos encontros com o mundo. Sensação que se impõe. O amor é tudo de bom.

De outra parte, virtude é amor falsificado. Assim, generosidade é virtude, deliberação moral de dar, que supre a falta de amor. Respeito é virtude. Prêmio de consolação, racionalmente escolhido, para ocupar o lugar de um amor que já se foi. Gratidão é virtude.

Mas a verdade é que não amamos muito. Não amamos muita gente. Faça uma conta rápida: filhos pequenos; filhos grandes quando não se tornaram delinquentes; cônjuges, nos primeiros tempos; pais quando não tiranizaram muito; alguns amigos talvez. Se formos rigorosos, umas dez pessoas, no máximo. No caso de alguém particularmente amoroso, quem sabe o dobro.

Admitamos: falta muita gente. E as relações com as pessoas não podem contar com o amor. Por isso, a moral é tão importante. Deliberação autônoma, que pressupõe alguma soberania da razão. Justamente para quando não há amor. Já que não ama, delibere e faça como se amasse. Um amor prático para Kant. Se amássemos mais, careceríamos de menos moral.

Mas quando o mal é físico, a assimetria é mais que evidente. Hiper-real. Porque o amor é escasso. E o ódio, abundante. Inesgotável. Assimetria afetiva. Excesso de mal. Mediocridade de bem. Enquanto os orgasmos são efêmeros, em conta-gotas, as dores são contadas aos baldes.

E não pretendemos aqui nenhuma negação da vida. Afinal, todo vivente continuará lutando pela própria potência, buscando gozar o mais possível e sofrer o menos possível. Princípio freudiano do prazer já presente em Michel de Montaigne. Trata-se de estender a alegria e diminuir – tanto quanto pudermos – a tristeza. Mas, todo este esforço tem limites. Porque gozar sem entrave esbarra sempre na existência do outro. Questão moral por excelência. Questão relevante, quando o amor rareia.

DEVER MORAL

Kant, na *Religião nos limites da simples razão,* começa por constatar que o mundo é mau. E que o homem é mau. Ele joga luz sobre a assimetria entre o bem e o mal moral. Há quem não concorde. Quem considere o mundo maravilhoso. No que me diz respeito, tendo a concordar com Kant 200% neste ponto.

No capítulo "O homem é mau por natureza", Kant investiga sobre a origem do mal moral. O homem teria consciência do seu dever, da lei moral, e, na hora de agir, daria um jeito de se afastar dela. Quando isto lhe conviesse. Haveria no homem uma inclinação natural ao mal. Desejado livremente. Mal radical inato na natureza humana. Para quem não está entendendo o que sugere Kant, basta olhar em volta.

A primeira suposição, comentada por Kant sobre a tal origem do mal moral é a de que o homem seria mau por sua sensibilidade. Entenda-se por seus afetos, inclinações corporais, instintos, pulsões. Poderiam estas ser a causa do mal moral? Teria o corpo apetites que levariam o homem a agir de forma moralmente inaceitável? Estaria nas vísceras a inclinação natural para o mal? No caso de um indivíduo que lança mão de uma arma de fogo e dispara contra toda a sua família, ou de outro que viola uma criança, agiriam simplesmente por raiva e apetite erótico?

Não, responde Kant. Porque se assim fosse, o mal moral seria ódio. E, como acabamos de dizer, moral não é ódio. Como também não é amor. Se o homem fosse simplesmente regido pelos instintos, seria bestial. Não transcenderia a mais estrita animalidade. Os animais não têm moral. Falta-lhes, para tanto, justamente a condição de autonomia deliberativa. Um lobo, um javali ou um polvo não são maus. São o que são. Estão fora da moral. E o homem não se confunde com eles.

Bem, já que a origem do mal não está nos apetites, onde mais poderia estar? Na razão, talvez? Na instância deliberativa? Adviria o mal de uma perversão da consciência moral? De um vício da razão prática? De uma vontade absolutamente maligna? Optaria o homem pelo mal, na hora de agir, por uma característica intrínseca ao próprio pensamento?

Também não, dirá Kant. Porque se assim fosse, não poderia haver consciência do mal. Não haveria, em relação ao mal, nenhum recuo. Distanciamento. Condição da consciência. O homem, neste caso, seria o próprio demônio. Que faz o mal pelo mal. O que também não é o caso. Segundo Kant, o homem sempre faria o mal visando algum tipo de bem ou vantagem para si próprio. Em defesa do autor, sempre se poderá argumentar que sádicos e perversos agem mal por que tem algum prazer nisto. Se assim não fosse, seriam demônios, na categorização kantiana.

Bem, até aqui concluímos que o homem não é nem animal nem demônio. Mas, se a origem do mal não está na sensibilidade, coisa de corpo e de animal, nem na razão prática, coisa de alma e de demônio, onde poderia estar?

Preste atenção agora. Aqui está o pulo do gato. De acordo com a teoria kantiana, a origem do mal estaria no encontro da sensibilidade, apetites e pulsões com a consciência moral, com a razão prática. E qual seria o problema nesse encontro entre o que sentimos e o que pensamos? O mal estaria na inversão da hierarquia legítima entre ambos. Numa defasagem entre o que deveria acontecer e o que acaba acontecendo.

Comecemos pelo que deveria acontecer. Para Kant, qual seria a relação hierárquica legítima entre a consciência moral e os apetites do corpo? A prevalência da primeira, é claro. Caso contrário, não seria Kant. De tal maneira que os últimos devem ser satisfeitos dentro dos limites e das condições definidos pela primeira. Em outras palavras: a satisfação deve ser buscada de acordo com a lei moral. Se preferirem, a busca da felicidade deve estar subjugada ao dever.

Passemos, agora, ao que acaba acontecendo. A inversão desta hierarquia legítima. Isto é, na adequação indevida das normas aos apetites. No alinhamento do dever aos interesses do momento. Na lei como trampolim para a felicidade. Quando só deveríamos aceitar o gozo e a felicidade na medida em que estivessem conforme a lei moral, o que fazemos é respeitar esta última nos limites e nas condições que nos permitam gozar e buscar o mais eficazmente possível a felicidade. Perceba que nesta reflexão kantiana, a busca da felicidade pode ser o próprio mal. Mas nem sempre os filósofos pensaram assim.

Se você está com a sensação de dúvida, de dispor de menos certezas sobre a vida e sobre a convivência do que contava algumas páginas atrás, o objetivo da reflexão feita aqui já foi alcançado. Afinal, ética e moral têm mais a ver com problematização da nossa convivência do que propriamente com um gabarito de respostas certas apresentado por um professor.

Para explorar um pouco mais o tema, eis algumas sugestões, entre tantas imperdíveis: *Ética*, de Adolfo Sanchez Vazquez, Kant e *A religião nos limites da simples razão*, Marcel Conche e sua *Orientação filosófica*, Sponville e o capítulo "Labirintos da moral", do *Tratado do desespero e da beatitude*.

“Ninguém é mais
escravo do que
aquele que se
julga livre
sem o ser.”

Johann Goethe

LIBERDADE
A definição do homem e suas consequências

Hora de falar sobre liberdade. Momento de discutir se somos ou não livres, se podemos ou não ser livres. Isso implica, primeiramente, responder a duas perguntas preliminares. A primeira: o que exatamente pode ou não ser livre? E a segunda: quais os eventuais obstáculos da liberdade? O que poderia impedi-la? Se não há liberdade, o quê ou quem pode ser o responsável por isso?

Comecemos com uma provocação, só para aquecer a leitura. Se fossem perguntadas sobre o significado de liberdade, muitas pessoas diriam, espontaneamente, que somente são livres quando podem fazer o que bem entendem. Pensando assim, em ordem cronológica, inicialmente haveria um querer e, só depois, a possibilidade de agir livremente, para realizá-lo. De acordo com este entendimento do senso comum, eu me tornaria livre quando os outros me deixassem fazer o que eu quisesse. Essa liberdade adviria, portanto, de um estatuto da vida social, de uma permissão civilizatória.

Mas, alcançando alguns centímetros além do senso comum, somos forçados a constatar que não é só uma outra pessoa que pode nos libertar ou escravizar. Quando agimos determinados pelo nosso próprio querer, continuamos submetidos a uma força que nos constrange, aos apetites pessoais. Neste caso, o caminho não tem nada de livre, uma vez que toda liberdade pressupõe soberania na hora de decidir, inclusive em relação às próprias vísceras, digamos.

E você, que um dia mandou tudo às favas, deu uma banana para o patrão e saiu a bordo de um carro conversível para refestelar-se na praia, cabelos ao vento, em pleno dia de semana, antecipando os prazeres de um banho de mar, só terá auferido um ganho de potência alimentado pelo imaginário. Isso nos permite concluir que fazer o que se quer é uma forma a mais de escravidão. Menos visível que algemas, correntes, celas, etc. Mas tão significativa quanto.

Seguindo nesta linha de pensamento, não seria difícil concluir que para agir livremente de fato teríamos que fazer o que não queremos. Na contramão dos apetites. Só assim teríamos certeza de não estar sob o jugo tirânico da própria carne, o que, convenhamos, tiraria da liberdade todo o seu charme. E mais: faria dos seus símbolos mais diversos, desde o cartaz com a imagem de Che Guevara até às pick-ups 4 x 4, uma fonte a mais de tristeza no mundo. E, diante da tal realidade, você se alistaria, sem titubear, como candidato voluntário à servidão.

Como dito anteriormente, era uma provocação. Ou talvez uma proposta de reflexão para dar o tom da conversa que entabulamos aqui. Muita gente antes de nós, de épocas, lugares e em circunstâncias muito diferentes das atuais, fez por onde se ocupar com o tema liberdade. Tratados poderiam ser escritos sobre o assunto. Autores conduziram discussões grandiosas, estabeleceram marcos. Por isso não há intenção de ir longe demais, mas sim de trazer para cá um ou mais recortes que ajudem a pensar o cotidiano. A dificuldade começa com os sentidos múltiplos de liberdade. Arthur Schopenhauer destaca três deles: liberdade de agir, de pensar e de querer. Sentidos que têm a ver com o que pode ou não ser livre.

LIBERDADE DE AGIR

O primeiro tem a ver com o que acabamos de mencionar, como a livre ação, com o sentido físico da liberdade. De agir, de fazer alguma coisa, de ir e vir, de pegar a estrada, ir de helicóptero, descer a escada rolante de dois em dois para conseguir pegar aquele trem de metrô que anuncia partida, de parar de correr para degustar um pastel de feira e acompanhado de um copo de caldo de cana. De ficar morgando. Liberdade de não se mover, simplesmente. Liberdade sem dúvidas, realidade comprovada todo o tempo pela experiência de cada um.

O mesmo raciocínio vale para a coletividade quando define sua própria trajetória. Sobretudo, quando recebe uma ajudinha de forças supracelestiais, por exemplo, para abrir o mar. Liberdade de assentamento. De poder ficar. Mas também de ser nômade. De atravessar fronteiras. Afinal, a liberdade política é, antes de tudo, física.

Esta liberdade para agir é o contrário da obrigação. Ou da escravidão. Ou ainda, como observa Thomas Hobbes, é a ausência de qualquer impedimento que se oponha ao movimento. A água que se encontra num copo não é livre. Porque este último impede seu movimento. O copo se rompe. E, então, a água recupera sua liberdade. Da mesma forma, qualquer um de nós será livre para agir quando nada nem ninguém impedir nosso movimento.

Esta liberdade, portanto, nunca é nula. Nem absoluta. De um lado, porque algum movimento é sempre possível. Mesmo com obstáculos: retida no copo, a água se agita. Roupas apertadas esgarçam com o tempo. E ainda, na cela, o prisioneiro simplesmente age, comanda operações de tráfico ou mesmo uma revolução contra o poder do Estado. Enquanto há vida em seres ditos "moventes", nunca é nula a liberdade de movimento.

Em contrapartida, esta mesma liberdade também nunca será absoluta. Afinal, ninguém pode fazer, a todo o momento, tudo o que quer. A limitação pode ser a condição física, como voar, sem o auxílio de algum meio propulsor externo ou planador. Ou a condição social, porque quase nunca estamos sós. Não dá para aloprar toda vez que dá vontade. Deslocamentos produzem efeitos. Afetam a trajetória alheia. Atrapalham os outros, convertendo toda convivência numa sequência de obstáculos.

Muitos deles ganham estatuto de lei. E é, paradoxalmente, graças a ela, que algumas liberdades remanescentes se tornam efetivas. Não há liberdade sem lei, ensina John Locke. É como abrir mão de um pedaço da torta para ter certeza de dispor do resto.

LIBERDADE DE PENSAR

Outro ponto de observação da liberdade pode se dar a partir do pensar. Liberdade intelectual, que tem por objeto o pensamento. Condição de um livre pensador. Liberdade do espírito, para alguns. Da parte superior da alma, para outros. Da substância pensante ou da mente. A história do pensamento é pródiga nas nomenclaturas. Mas enquanto não for possível identificar o que está por trás das coisas que passam pela nossa cabeça, ficará difícil saber quem goza desta tão cobiçada liberdade.

O direito, nos estados ditos democráticos – por intermédio das liberdades públicas garantidas constitucionalmente –, já cuidou em parte do problema. Afinal, esta liberdade de pensamento sobre a qual falamos é muito correlata à de informação, de expressão, de culto, etc. Todos nós sabemos que livre é o povo que fala o idioma da sua cultura, que cultua os deuses de sua fé, define o que é sagrado, materializa o absoluto em arte e faz suas escolhas. Delibera seus caminhos e, assim, define seus pontos de chegada e o que quer vir a ser um dia.

Escolher o que queremos da vida pressupõe pensamento livre, responsabilidade e consciência a respeito das próprias decisões sobre a importância de agir com conhecimento de causa, como se diz. Toda escolha resulta de um exercício intelectivo, da aplicação de um critério, ou de uma máxima de conduta. Por isso, quando se pretende reduzir ou eliminar a responsabilidade, tarefa recorrente de advogados de defesa, discute-se a plena consciência do agente no momento da ação. "Ele não sabia direito o que estava fazendo."

Mas, para além da moral e da política, cabe perguntar: haverá liberdade intelectiva quando estamos em plena resolução de um problema matemático? Destes que já têm uma resposta certa? Não estaríamos, neste caso, limitados por uma resolução que se impõe a nós? Não seria uma forma de escravidão ter que seguir certos passos para chegar a um resultado que não podemos contornar? Como poderia ser livre o pobre do aluno que resolve um problema de geometria aplicando o teorema de Pitágoras? Ou alguma fórmula para calcular a área de um polígono?

Por um lado, seria fácil dizer que, em um caso assim, há liberdade, afinal, na hora de resolver uma questão matemática pensamos o que queremos. Sem nenhum constrangimento externo. O espírito pensa o que quer. Sem obedecer a ninguém. Porque é livre. E se busca a resolução verdadeira, faz o que quer. Porque quer. Ao encontrar o resultado verdadeiro do problema, consuma nele mesmo sua própria liberdade. Porque se não buscasse livremente a verdade, todo espírito estaria à deriva. Delirante.

O que falta deixar claro? Que neste caso da matemática, a liberdade nada tem a ver com escolha ou com a liberdade da moral. Porque a área de um quadrado corresponde ao quadrado do seu lado. E o triângulo retângulo que o divide em dois tem a sua área definida pela metade da área do quadrado. Necessariamente. E chamamos de liberdade a este discernimento. De uma verdade que nunca se impôs. Mas que, com liberdade, é alcançada.

LIBERDADE DE QUERER

Até aqui falamos sobre dois sentidos para liberdade: a de fazer e a de pensar. Mesmo juntos, ambos não dão conta de enquadrar a provocação inicial desta aula. Afinal, como vimos, não basta, para ser livre, fazer ou pensar o que queremos. Ainda seria preciso ser livre para querer o que queremos. Aqui, o sentido de liberdade muda sobretudo porque é outro seu objeto.

No primeiro sentido, ser livre é questão de poder agir. Seu objeto é, portanto, a ação. A liberdade é física. De fazer ou não. No segundo sentido, ser livre é questão de poder pensar. Seu objeto é, então, o pensamento. A liberdade é intelectiva. De pensar ou não. Neste terceiro sentido, ser livre é questão de querer. E o objeto agora é a vontade. A liberdade deixou de ser simplesmente física ou intelectiva. Por isso, muitos a denominam metafísica. E até absoluta ou sobrenatural.

Será que somos livres para querer o que queremos? Você optou pela leitura do livro que tem em mãos. Nada nem ninguém o impediu. Tampouco o obrigou. Você veio ao encontro destas páginas livremente, movido pela própria vontade. Em algum instante teve vontade de vir. Mas, neste preciso instante, terá sido livre para querer ler o livro? Liberdade de ter vontade? Perceba que estamos falando de liberdades diferentes.

Uma coisa é a liberdade de pegar o livro e tomar os ensinamentos que transmito. Outra bem diferente é a liberdade de querer ler. Algo do tipo "a partir de agora vou sentir uma vontade enorme de acompanhar as explicações do professor sobre liberdade!", ou ainda, quando alguém perguntar por que você quer aprender sobre de filosofia, no lugar de um acanhado "deu vontade!", a resposta poderá ser: "porque sou senhor da minha vontade!"

Posso supor no seu semblante algum desconforto. Tudo porque certamente deve estar acostumado com o contrário. Com um querer que se impõe. Que simplesmente surge. Com um impotente "deu vontade", que acaba conferindo ao cotidiano um novo rumo. Essa estória de ser livre para querer parece incompatível com as nossas experiências de vida.

Vejamos outro exemplo. Em uma eleição democrática, quando respeitadas as regras eleitorais e a oferta do mercado das candidaturas, cada cidadão comparece à urna e vota, sem constrangimento. Tem total liberdade de ir votar. Ou até de não ir, quando o voto é facultativo. Liberdade física de apertar os botões correspondentes ao candidato que considera mais adequado. De fazer parte de um contingente que de fato elegerá uma autoridade.

Votar tem a ver com reforçar convicções. Com a liberdade de pensar sobre o futuro da própria sociedade. Isso pressupõe uma vontade anterior. Uma intenção de voto. Mas, ainda assim, cabe a pergunta: terá havido liberdade de querer votar neste ou naquele candidato? Ou será o voto o simples resultado mecânico da socialização política do eleitor – que aprendeu, na família, classe ou clã a que pertence, a definir suas escolhas com base em certos valores? Ou das inclinações emocionais de simpatia e antipatia patrocinadas pelo trabalho político de apresentação midiática dos candidatos? Ou ainda da construção de identidade própria que nos leva – ainda que cada vez mais raramente – a posar socialmente como sendo de esquerda ou de direita, liberal ou conservador, simpatizante ou até militante deste ou daquele partido? Ou talvez de tantas outras variáveis que pretendam explicar cientificamente a intenção de voto? Neste caso, votar livremente em quem queremos não implicaria estar refém de tantas condições que nada teriam a ver com a nossa livre deliberação?

Esta liberdade metafísica de querer, de vontade, é a que mais interessa à filosofia. A que mais intriga. E, por esta razão, a que mais mereceu atenção de pensadores consagrados. Vamos recorrer a eles, como forma de mais uma vez descolar do senso comum. Podemos começar com Platão porque para a maioria das questões ditas metafísicas é difícil fazer diferente.

A ASTÚCIA DE PROMETEU

Platão se serve com frequência de mitos para expor suas ideias. Há quem goste dos deuses e de suas aventuras. Mas, num texto filosófico, não é o que mais importa. Trata-se de artifício didático, como os exemplos dados em aula que ajudam a aproximar a ideia filosófica abstrata do repertório presumido do auditório.

A cena relatada é de um tempo em que homens e animais ainda não tinham dado as caras no mundo. Só havia deuses. Como Epimeteu e Prometeu, dois irmãos, filhos de titãs. E imortais, claro, como todos os deuses. Mas, a despeito de gozarem de tal privilégio, eram divindades secundárias. Dessas que nunca seriam chamadas para decidir ou fazer nada de importante.

Essa dupla vai merecer a atenção de Protágoras, conhecido sofista, num momento em que Zeus já havia vencido os titãs e colocado ordem na casa. Apesar da filiação, os irmãos não foram trancafiados no Tártaro, como seus pais. E é curioso o motivo de sua aparição na cena mitológica.

Zeus tinha instituído o Cosmos. Distribuiu o mundo aos seus parceiros. Passado um primeiro momento de alívio pelo fim da guerra entre a primeira e a segunda geração de deuses, seguiu-se um enorme tédio. Imaginem, depois do caos completo, as coisas todas em seus devidos lugares. Tudo adequadamente disposto. Lógico, cíclico e previsível. Astros em suas órbitas, dias e noites, ventos e marés. Tudo numa regularidade irritante, excluindo rigorosamente toda e qualquer possibilidade de surpresa. Os deuses não suportavam mais tanto marasmo. Era preciso dar um jeito naquilo. Epimeteu e Prometeu foram, então, escalados para fabricar mortais.

Uma interrupção rápida aqui para algumas inferências. Primeiro: o motivo inicial da produção de mortais foi o tédio. Isto é, se você, caro leitor, e eu estamos por aqui é porque os deuses estavam aborrecidos com a engenhoca cósmica que eles mesmos inventaram. Somos filhos do enfado divino. Cá entre nós, se não for do divino, pelo menos do tédio de muitos pais mortais, especialmente nos tempos pré-televisivos ou restritos à TV aberta.

Segundo: podemos deduzir deste enfado o que os deuses esperavam de nós, mortais, ao patrocinar e autorizar nossa existência. No mínimo, divertimento ou entretenimento. Bobos da corte olimpiana. E não só para fazer rir. Mas gozar também. Sabe-se que Zeus, deus dos deuses, tinha clara preferência pelas amantes humanas.

Terceiro: na hora de executar a fabricação dos mortais, o que incluía outros animais e plantas, deixaram a tarefa para dois deuses de quinta categoria! Como aqueles jogadores que ficam sempre no banco de reservas. Desprestígio total. Um deles, menos ligeiro das ideias que o outro. Epimeteu quer dizer aquele que pensa depois. E Prometeu, o contrário, aquele que pensa antes. Um lerdinho, outro espertinho.

Bem, o fato é que Epimeteu e Prometeu arregaçaram as mangas. E este último, sempre mais afoito para agir, propôs uma divisão da tarefa. Aquele se incumbiria dos animais. E deixaria os homens para o irmão, Prometeu, o mais antenado, que pensava um pouco mais antes de agir.

Epimeteu recorreu a todos os recursos naturais disponíveis para produzir os animais. E o fez à moda de Zeus. Buscando o equilíbrio, criando uma verdadeira biosfera. De tal modo que todos os animais pudessem dispor de algum recurso para enfrentar as intempéries e predadores. Assim, os mais pesados, os mais velozes, os mais contundentes, os mais ágeis. Uns com couro, outros com carapaça, outros com ferrão, etc. Cada um na sua.

Preocupou-se também com o todo. Com a preservação de todas as espécies, do entorno, do meio ambiente. Assim, por exemplo, carnívoros alcançam mais rapidamente a saciedade do que herbívoros. A distribuição dos recursos naturais alinhava naturalmente cada criatura ao cosmos definido por Zeus. Apesar de Epimeteu ser Epimeteu, fez um trabalho de grande inteligência.

A não ser pelo fato de ter deixado seu irmão na mão. Ao conceder aos animais todos os bens naturais, note bem, TODOS, acabou condenando Prometeu a fazer o homem sem nada, praticamente sem recursos. Lembro-me de meu primeiro Chevette S. Nunca soube o que o "S" queria dizer ao certo. Simples, talvez. Standard, dirão os mais entendidos. Ou, "S" de sem nada. Nenhum acessório. Recurso zero. Nem couro, nem barbatana, nem muita força, nem peso, nem faro potente, nem mandíbula, nem nada.

Atente para este "nada". Vamos precisar dele mais tarde. Em pleno século XX. Na hora em que o existencialismo de Jean-Paul Sartre for explicar o que entende por liberdade em *O ser e o nada*.

Para compensar tanta carência natural, Prometeu se viu obrigado a roubar, no palácio de Atena, a astúcia. Surrupiou também o fogo em outro lugar. Assim, o homem, zerado de natureza, "nadadizado" de recursos, poderia, produzir com próprio esforço tudo o que precisasse, as ferramentas que lhe fossem necessárias. Poderia também fazer da vida o que bem entendesse. Sem as habilidades garantidas por Epimeteu aos animais, o homem viu-se desobrigado de qualquer alinhamento. Se a vida dependia da sua astúcia, o homem não poderia ser nada antes de usá-la. Em outras palavras, a burrada de Epimeteu nos deixou num mato sem cachorro. Porém, livres para viver do próprio modo. No nosso caso, alinhar-nos com o universo cósmico é uma questão ética. Uma escolha. Contingente. Que exige saberes sobre nós mesmos e sobre o universo. Saberes que nem sempre temos.

Ancestralidade pouco nobre, portanto, esta da liberdade. E, como se não bastasse, os deuses ficaram furiosos. Prometeu foi castigado por Zeus. Amarrado em um Rochedo, sofreu com o ataque das aves de rapina que queriam comer suas vísceras. Crueldade redobrada se considerarmos que se tratava de um deus, que não morria nunca. Prometeu acabou solto pela intervenção do filho de Zeus. Vale a pena a leitura do relato platônico. Sempre tendo em mente a problemática filosófica que lhe confere densidade. Esta reflexão sobre a liberdade acabou tendo sequência no pensamento moderno. Com Jean-Jacques Rousseau.

APERFEIÇOAMENTO CONTÍNUO

Aliás, quando se fala em liberdade, a visita a Rousseau é obrigatória. Temos um texto forte de referência: *O discurso sobre a origem e o fundamento da desigualdade entre os homens.* Título longo, texto curto e muito fácil de ler.

Se você não tiver tempo de ler o texto todo, conclua ao menos as primeiras páginas do texto onde Rousseau pretende apresentar o específico do humano. Aquilo que permite defini-lo ou distingui-lo dos demais viventes. Principalmente dos outros animais. Trata-se de uma teoria do homem. Um exercício de antropologia que reflete uma preocupação comum a muitos contemporâneos de Rousseau. Por que será que só na modernidade a filosofia precisou se debruçar imperativamente sobre esta questão do especificamente humano?

Como acabamos de ver, durante séculos o homem acreditou que o universo seria cósmico. E que esse Cosmos seria a grande referência ética. Definidor do certo e do errado na hora de escolher a vida. Com o pensamento cristão – um Deus transcendente, criador de tudo, inclusive do homem, tem para nós missão e talentos – e a referência ética, passou a valer a vontade de Deus ou aquilo que ele pretende para nós, com o eixo essencial do que é ou não pecado na hora de escolher a vida.

Estas duas referências sofreram forte abalo no começo da modernidade. Com a revolução científica, descobrimos que o universo não é cósmico. Não é perfeitamente harmônico, nem ordenado. É sem sentido, sem direção, sem finalidades pré-determinadas. Quanto à vontade de Deus, fragmentou-se nas reformas religiosas.

E, quase no mesmo momento, o homem viu os parâmetros sobre a ética, outrora tão firmes, simplesmente virarem fumaça. Neste momento, ao homem só sobrou ele mesmo. E o outro ou os outros. A tal humanidade. E ele mesmo tornou-se referência, assumindo um protagonismo inédito na história. O sujeito converteu-se na pedra de toque do bem viver. E do bem conviver.

Mas o que justificaria tal honra? O que teria o homem de tão especial que fundamentasse esse giro? Do eterno e absoluto espelhado no cosmos e em Deus para o plano finito e parcial do humano? Veja porque passou a ser importante investigar sobre a especificidade do homem. Para defini-lo e, fundar, assim, uma nova moral: a do sujeito, não mais a cósmica e nem a divina.

Rousseau não busca uma especificidade qualquer. Certamente há infinitas que não lhe interessam. Assim, supomos que só os humanos sabem quando um jogador de futebol está em impedimento. Ou jogam truco, bebem espumante em recipiente apropriado, fritam ovo, levantam pesos em academias ou resolvem equações. Acreditamos serem estas algumas das prerrogativas exclusivas do homem.

No entanto, Rousseau não está se referindo a nada disso. A especificidade investigada por ele é a que permitiu a fundação de uma nova moral, aquela que começa e termina no homem. Moral do respeito recíproco.

Mas, segundo Rousseau, afinal qual seria essa especificidade? A definição de Aristóteles sempre serviu de referência. Animal político, dotado de *logos*. Três elementos o constituem:

a vida social, o uso da razão e a utilização da linguagem. O homem seria simultaneamente um ser social, racional e comunicativo. Mas Rousseau não ficou satisfeito com nenhum desses critérios, porque os animais, em alguma instância, seriam tão sociais quanto o homem e disporiam de algum tipo de competência intelectiva e comunicacional. A diferença em relação ao homem seria apenas de grau. Não de princípio.

Rousseau frisava que o animal, seja ele qual for, já nasce com seu instinto. E esse instinto é tudo de que precisa. Por isso, qualquer animal disporá, ao longo da vida, dos mesmos recursos dos quais já dispunha ao nascer. Um animal não aprende a viver. Porque não precisa. Já nasce sabendo.

Assim, um gato já sabe viver como gato desde o primeiro dia. O mesmo vale para um pombo. Exemplos de Rousseau. A comparação deste instinto com um programa de informática é inevitável. Como se todo animal fosse programado desde o nascimento para ser aquele animal e dispor de respostas para as diversas situações de vida que supostamente encontrará. Assim, exemplifica Rousseau, um gato, mesmo com muita fome, não se alimentará de grãos. Não passará pela sua cabeça fazer uma boquinha com uma nova iguaria. Da mesma forma que um pombo, também faminto, não comerá filé. Nem de aperitivo.

Mais um detalhe: pelo fato de já dispor de solução para tudo, os animais não precisam inventar nada. Nem improvisar. Nem criar. Devem agradecer a Epimeteu, que tão diligentemente lhes proveu de tudo que precisam, poupando-os de toda incerteza sobre a vida. Ou, talvez, amaldiçoá-lo, quem sabe pelas mesmas razões! Por não terem que decidir sobre nada, nem terem nas mãos as rédeas da própria existência. Por não serem humanos, em suma.

Não pense que perdi a linha de raciocínio. Sim, é o homem que nos interessa. A ele coube ir além. Transcender às inclinações naturais. Descolar dos instintos. Aprender a viver. Por pobreza de natureza, ausência de instinto expressivo, por carência de recursos, o homem se vê obrigado a aprender a nadar, senão se afoga. A aprender a andar e a correr, para poder sair do lugar. A se defender, para não ser trucidado. A fórmula de Rousseau é magnífica, no caso do homem, e diz: "a vontade – uso livre da razão – continua falando, mesmo quando a natureza se cala."

Como se não bastasse tanta lacuna de natureza, a vida humana parece bem complicada de ser vivida. O mundo cada vez mais pródigo em alternativas existenciais. E o instante de vida sempre singular. Único. Fosse regido pelo instinto, como para o resto da animalidade, também para o homem não haveria alternativas ou possibilidades. A vida seria necessariamente a única que poderia ser.

Mas graças a esse descolamento dos instintos, há essa liberdade frente à própria natureza, ao homem é facultado o direito de escolha. O tempo todo. Cabe ao homem inovar, criar, improvisar, exceder. Só o homem é capaz de exceder. E o excesso aqui não é pecaminoso. É libertador. E é esse descolamento em relação à própria natureza que permite ao homem descobrir soluções novas para situações inéditas.

Ele pode contribuir para esse conhecimento coletivo e sempre mutante a respeito de si, da vida e da convivência. Talvez por isso, só o homem tenha uma história. Heranças seculares de sobre "como fazer", apesar de nunca estarmos inteiramente prontos. O aprendizado é sem fim.

Eis o ponto, para Rousseau. Nossa fronteira face aos demais viventes. Nossa faculdade e necessidade de aperfeiçoamento contínuo. Aprender o que já se sabe e descobrir o que não se sabe ainda. Processo necessário para quem começou em desvantagem, sem saber muita coisa. Necessidade de virar o jogo, porque se conservadas as condições originais, não poderíamos ir longe.

Aperfeiçoamento pessoal pela educação. E coletivo pela cultura, pela política. Assuntos de grande interesse de Rousseau. Muito pertinentes para nós, que nos definimos vivendo, que estamos acontecendo em processo, que remamos e construímos o barco ao mesmo tempo.

A BOA VONTADE DE KANT

A reflexão sobre a liberdade está no coração do pensamento moral de Kant, cujas contribuições no campo da filosofia são destaque também quando se trata de abordar as condições do conhecimento e os limites da razão. Seus textos são herméticos. Mas não podemos nos acovardar. Tentaremos identificar o que o autor queria dizer de mais fundamental. O que ele destacaria se quisesse facilitar a compreensão do leitor.

E, se possível, você poderá abrir a primeira página do texto intitulado *Fundamentação da metafísica dos costumes*. O que dissermos até aqui facilitará o acesso à informação. Kant não espera muito para dar o tom. Apresenta-se como herdeiro da antropologia de Rousseau. E em ruptura com o pensamento grego.

Porque o que pode ser bom, virtuoso e digno não são os talentos naturais. Isto é, as aptidões que temos – alguns para desenhar, outros para explicar e outros ainda para proporcionar sensações inebriantes. Para Kant, isso não é o mais importante para definir a virtude ou a dignidade de uma pessoa.

Segundo ele, não é o fato de você ter um inegável talento, proporcionado pela sua natureza, que o torna moralmente excelente. O que realmente importa é o uso que fará deste talento. E sobre ele, é você quem decide. Trata-se de uma questão de liberdade para resolver o que fazer com as aptidões que são as nossas. As de cada um.

Ainda estamos nas primeiras páginas dos *Fundamentos*. Se minha memória não falhar, creio que Kant diz mais ou menos o seguinte: de tudo que pudermos conceber no mundo, e mesmo fora dele, só há uma coisa que possa ser tida, sem restrições, como absolutamente positiva: a boa vontade.

Assim, a inteligência, a faculdade de comparar, de discernir o particular podem ser faculdades apreciáveis. Mas não são qualidades morais. E por que não? Porque todas estas faculdades e todos os talentos naturais em geral podem ser colocados tanto a serviço do bem quanto do mal. Nunca são, por eles mesmos, bons ou maus.

Assim, podemos usar a inteligência para curar, alegrar, ensinar saberes que trarão alegrias e muito mais. Em contrapartida, também podemos usar as mesmas faculdades do espírito para enganar, entristecer, iludir, mentir e também muito mais. Perceba que nenhuma destas faculdades pode ser boa em si mesma, porque tudo dependerá do uso que delas fizermos. Da vontade. Da livre deliberação sobre um fim em detrimento de outros e que poderá ser pautada por uma boa vontade ou não.

A boa vontade é tudo de bom, diria Kant. Todo o resto está sob suspeita. Está na boa vontade toda a virtude e dignidade humanas, supondo, então, liberdade deliberativa. A primeira consequência desta reflexão sobre a boa vontade é a igualdade. Igualdade entre todos nós. Perante Deus, ainda dizem alguns. Perante a lei, garantem os textos constitucionais. A igualdade entre os homens não saiu mais do cardápio das ideias morais.

Na moral aristocrática dos gregos, só há superioridade e inferioridade. Hierarquia, em suma. Natural, moral e política. O poder exercido pelos melhores. Senhores e soberanos. E os piores, escravos. Por isso, uma sociedade estratificada.

Claro que continuamos desiguais em talentos. Em recursos naturais. As faculdades do espírito, que me perdoe Descartes, são tão cruelmente concentradas nas mãos de dois ou três quanto as propriedades rurais em sociedades cruéis e distantes.

Mas já sabemos que quando o assunto é moral isso não tem muita importância. Porque os talentos, sejam eles quais forem, não têm, por eles mesmos, nenhuma relevância moral. Podemos ser gênios canalhas. E virtuosos lerdinhos. Feios, brutos e malvados. Lindos heróis ou vilões. O que importa mesmo é a liberdade para decidir bem. Fazer um bom uso desses talentos que são os nossos. Sejam eles quais forem.

E essa liberdade todos nós temos. Somos, portanto, igualmente livres para uma boa vontade. Para além da nossa natureza. Essa sim, cruel e injusta. Perceba o quanto a ideia de igualdade se choca com a perspectiva naturalista da moral aristocrática.

A segunda consequência desta liberdade como boa vontade é o desinteresse. A ação virtuosa se confunde com a ação desinteressada. A liberdade, como vimos, é a capacidade de descolar da natureza. E, de certa forma, opor-lhe alguma resistência. Ora, o que entendemos por nossa natureza? O ritmo de nosso peristaltismo? A incrível propensão para micoses? Ou dores de cabeça, quando venta muito? Exemplos de manifestação da nossa natureza? Sim, sem dúvida. Mas que têm pouco a ver com liberdade. Talvez porque nestes exemplos não haja algo a que resistir.

Por isso, a natureza que vai nos importar para entender a liberdade e a moral kantiana se materializa nas nossas inclinações. Que podem fazer com que nos ocupemos exclusivamente de nós mesmos. Da nossa particularidade. Assim, descolar dela, ou resistir a ela, implica levar em conta os interesses dos outros, dando-lhes lugar. Para isto, é preciso colocar-se entre parênteses. Considerar outros desejos além dos próprios. E tal autolimitação supõe que não sejamos 100% egoístas.

Esta reflexão está presente no nosso cotidiano. Todos sabemos distinguir uma conduta interessada de sua oposta. E atribuímos mais dignidade moral à segunda. Tudo porque sendo modernos, somos kantianos sem saber. Por isso achamos tão interessante quando alguém nos faz um favor aparentemente motivado pelo nada, sem expectativa de retorno.

A terceira consequência desta liberdade é o universalismo. A vontade, para ser uma boa vontade, deve se justificar universalmente. O dever, que resulta de uma atividade intelectiva, deve valer para qualquer um. No lugar de um Deus universal, uma razão universal ou pelo menos capaz de parir o universal.

Neste ponto, o senso comum moral se afasta do kantismo. Porque é muito comum encontrar justificativas que se fundam na parcialidade do julgamento moral. O certo e o errado vão muito de cada um, decreta o palpiteiro, com ares de erudição. Além do senso comum, pensadores legítimos, arautos da pós-modernidade, consideram que um dos principais pontos de ruptura entre o pós e o simplesmente moderno reside neste ponto, da universalidade moral.

Michel Maffesoli, representante reconhecido desta corrente pós-moderna, afirma que a sociedade de hoje é politeísta, em relação à sociedade moderna, monoteísta. E com este politeísmo não revela somente a possibilidade de servir ou seguir vários deuses, mas também valores, formas de julgamento moral.

Mas, voltemos a Kant, que diz algo como: faça de tal maneira que a máxima que preside a sua ação possa ser universalizada. Possa ser transformada em lei. Eis a fórmula do imperativo categórico. Perceba a tangência entre esse universalismo e o desinteresse. Afinal, toda pretensão de universalidade implica a negação da própria particularidade. A resistência frente aos próprios interesses. Ao egoísmo. Para levar em conta o interesse geral, o bem comum, é preciso considerar o interesse dos outros. Descolar da própria natureza egoísta.

Importa lembrar aqui que esta consideração do interesse do outro não é natural. Exige esforço. Para ser livre, ter boa vontade, considerar o outro e buscar o universal, é preciso remar contra a corrente, ir na contramão, estar, a todo o tempo, focado no respeito ao dever.

Desta forma, enquanto para os gregos a virtude corresponde à atualização dos talentos naturais, à realização da natureza em nós, para o pensamento moderno de Kant a virtude é uma resistência ou oposição a essa mesma natureza. A luta contra a natureza em nós. Disposição que se aprende. Que se fabrica. Por não ser inata, exige educação, porque a matéria bruta é sombria.

Igualdade, desinteresse e universalidade. Consequências da liberdade, fundamento da boa vontade e de todo edifício moral de Kant. Parece atrativo. Mas não é tão simples. A tal liberdade, fundamento de tudo, não é muito fácil de explicar. Torna-se também um problema de conhecimento. Tem a ver com os próprios limites da razão teórica. Para além da razão prática. Para Kant, a liberdade está um pouco além da fronteira do que podemos conhecer. Pensar sobre ela nos leva a uma antinomia. A um conflito da razão com ela mesma.

Conhecer alguma coisa, explicar uma ocorrência quer dizer apontar suas causas. Porque todo efeito tem uma causa determinante, que o faz ser o que é. Ou o que só poderia ser. Assim, dadas certas causas, agindo sobre determinado mundo, os efeitos serão inexoráveis.

Como ocorre com todos os fenômenos naturais – chuva que chove, o faz com a intensidade, a temperatura da água, a duração estritamente determinadas por causas meteorológicas. Então, a única pergunta que pode surgir no espírito de vocês é: se tudo no mundo é estritamente determinado, por que o homem, ao agir, poderia ser livre, escapando assim a esta rede de causalidades?

Guarde estas inquietações. Nunca espere da filosofia mais do que ela pode oferecer. Para respostas indiscutivelmente certas não faltarão gurus e dezenas de livros nas estantes das livrarias. Aqui a pegada é outra. Infelizmente fui longe com Platão, Rousseau e Kant e quase não falei de Sartre e seu existencialismo.

QUANDO A EXISTÊNCIA PRECEDE A ESSÊNCIA

Nas mais diversas correntes filosóficas, há um atributo essencial na realidade a partir do qual nós podemos defini-la. Assim, para Platão a essência da realidade é uma ideia, da qual as coisas sensíveis apenas participam. Já para Aristóteles, a essência das coisas é a sua causa. O que percebemos de maneira imediata são os efeitos. Estes não se explicam por si mesmos. São justificados por aquilo que os determina. Quando nos deparamos com algo que existe, estamos diante de algo que é dado, de um efeito que incide sobre nossa experiência de maneira imediata.

A partir da existência desta realidade, que não se explica por si mesma, remontamos a um fator determinante desta realidade que seria a sua causa. Onde esta realidade se encontra de maneira essencial. Esta essência, de certa forma, vem antes das coisas particulares que percebemos e confere-lhe sentido.

Sob esta perspectiva, a essência de uma tesoura contamina toda tesoura particular existente nas gavetas pelo mundo afora. Afinal, temos que aceitar que antes da tesoura que você usa para cortar papéis, deve ter havido uma ideia. De um instrumento adequado para esta atividade. Ideia que inspira toda a produção de tesouras.

Da mesma forma, a natureza de um gato. Seu instinto está por trás de cada instante da existência do animal, pautando sua vida. Nestes casos, do gato e da tesoura, a essência precede a existência. A definição vem antes da vida. A ideia antecipa o existir no mundo real.

Eis a grande ruptura proposta pelo existencialismo. No caso do homem e de sua vida, tudo se inverte. Não há uma natureza que se antecipa à vida, nem uma essência que define plenamente a existência. O homem nasce nada. Solto no mundo. Sem uma definição que antecipe a vida. Nem de branco, nem de negro, nem de mulher, nem de nada. A mulher será o que decidir fazer da sua vida. Antes disto, não há nada. Porque se houvesse, estaria comprometida a liberdade. Teríamos que pagar pedágio de vida à essência que a nós se imporia.

E por isto, no seu caso, a vida vem antes. A existência se impõe sem essência que lhe dê apoio. É preciso viver primeiro. E, se for o caso, ir descobrindo aos poucos quem somos. É a partir da vida que se definem os homens. Que se constituirá alguma essência. É a partir da fundamental liberdade para existir que as escolhas ocorrerão.

Desta forma, a liberdade não pode ser a simples faculdade de um sujeito porque esta criatura – o detentor da faculdade – não existe. A quem pertenceria a faculdade de pensar ou de desejar? No momento em que o sujeito não é mais uma entidade, mas é um processo de existir, nenhuma faculdade pode pertencer a ele. Não podendo ser mais atributo de um sujeito, a liberdade se confunde com ele. A liberdade aqui é o próprio sujeito.

A liberdade constitui a própria realidade humana. Resta saber, como esta indeterminação vai funcionar como um motor constituinte da vida de cada um de nós. Esta constituição nada tem a ver com determinação. Porque não somos gatos nem tesouras. Nesta constituição, eu mesmo me constituo a cada momento da minha existência.

Na vida que nos toca viver, nunca um momento simplesmente derivará de outro. Como o ferver da água exposta ao fogo. O que nos situa muito distantes do resto da natureza. Onde tudo é determinado. Onde todo efeito remete à sua causa. Mas se conosco não acontece isso, se não estamos inscritos numa cadeia inexorável de causalidades materiais, o que ocorre exatamente? Qual o fundamento de uma eventual transcendência a esta cadeia? O que escoraria uma eventual liberdade frente a tudo que afeta?

Como você vê, terminamos onde começamos. Mas certamente melhor preparados para continuar pensando sobre a liberdade. Para ir mais longe com leituras esclarecedoras, experimente o capítulo sobre liberdade da *Apresentação da filosofia*, de Sponville. Depois leia a parte sobre humanismo do *Aprender a viver*, de Luc Ferry. Feito este aquecimento, prossiga com *O livre arbítrio*, de Schopenhauer. Passe pelo *Protágoras*, de Platão para degustar o *Prometeu*. Não perca as primeiras páginas de o *Discurso sobre a origem e os fundamentos da desigualdade entre os homens*, de Rousseau, e o *Fundamentação da metafísica dos costumes*, de Kant. Finalmente, permita-se uma aventura pelo excelente e curto *O existencialismo é um humanismo*, do Sartre.

"Por vezes, somos tão diferentes de nós mesmos como dos outros."

François La Rochefoucauld

IDENTIDADE
Quem somos nós?

Se algum desconhecido bem atraente se aproximasse num bar e quisesse entabular conversa, cedo ou tarde seria preciso dizer quem você é. E eu pergunto: o que você costuma dizer em situações assim? Que tipo de informação oferece à guisa de definição de si mesmo?

Fala sobre coisas orgânicas? Aponta um espaço de mitoses e meioses? Descreve um corpo marcado pelo tempo? Revela duas próteses? Ou será que relata atividades que repete o tempo todo? Revela-se uma substância pensante? Um pegador? Um jogador? Quem sabe ainda você conta escolhas que fez ao longo de sua trajetória? Quando realmente pode escolher ou teve que dar à vida um caminho? Preferência sexual? Talvez você destaque grupos aos quais pertence. Nacionalidade? Etnia? Credo? Time de futebol? Aquela tendência punk? Ou talvez você apele para atributos afetivos que julgue estáveis? Um cara carente? Feliz, triste, angustiado. Cheio de esperança. Será que você é daqueles que se confunde com as próprias metas?

Muitas perguntas para uma afirmação: identidade é substantivo, de adjetivo idêntico. Com isso, quero dizer que as coisas no mundo são o que são. E ponto final. O resto fica por nossa conta. Assim, por exemplo, quando comparamos duas árvores constatamos que uma delas é maior. Esta constatação seguramente exigiu uma comparação particular. Lá fora, no mundo, as duas árvores seguem suas vidas. Cada uma na sua, alheias às nossas manias de comparar, aproximar, classificar, distinguir, apartar, etc.

Semelhanças, diferenças e igualdades sempre resultarão do nosso olhar, da nossa iniciativa de pensar sobre as coisas do mundo, que, por elas mesmas, apenas são. Identidade é algo que só importa para nós mesmos, em uma clara operação do pensamento humano. Um princípio lógico, segundo o qual "o que é apenas é e o que não é, não é". Portanto, se o não-ser não é, não há nem como cogitá-lo.

Do princípio de identidade decorrem duas inferências importantes: em primeiro lugar, o ser é necessariamente uno. Porque se houvesse dois, tipo A e B, então B seria não-A e A seria não-B. Em segundo lugar, o ser não se transforma. Porque se houvesse mudança, haveria o "vir a ser" e o "deixar de ser". Se A muda, vira outro. Que será qualquer coisa, menos A. Portanto, um não-A. Um B, por exemplo. Estas inferências do uno e da imutabilidade são importantes. Guardemo-las na manga.

DEFINIÇÃO DE PESSOAS E EXIGÊNCIA SOCIAL

A identidade que nos interessa nesta reflexão tem um sentido mais específico. Trata-se da nossa própria definição. Aquilo que éramos e continuamos sendo. Idêntico ao passado e ao futuro, portanto. Que permite informar aquilo que só nós somos – identidade pessoal – e o que somos junto com alguns outros – identidade coletiva –, como os que moram na mesma cidade, no mesmo país, de mesma etnia ou outro grupo qualquer.

A identidade de cada um de nós, isto é, o que acreditamos ser e o que os outros acreditam que sejamos, é fator decisivo de como vamos nos relacionar com outras pessoas. Porque na hora de interagir conosco, tudo muda no comportamento dos outros em função do que acreditam que somos.

Vocabulário, postura corporal, distância entre um corpo e outro, cerimônia para a aproximação, ritual de cumprimento, eventuais chacotas, temas de conversa, pertinência da abordagem de questões íntimas e assim por diante. Por outro lado, nós também precisamos saber com quem estamos lidando.

Comecemos, então, por aí. A identidade é uma exigência da vida em sociedade. E isto não é pouco. Nossa trajetória é repleta de encontros com outras pessoas. Algumas encontramos uma única vez. Esbarrões no metrô, discussões no trânsito, fichas no caixa e glúteos chamativos nos colocam na relação com indivíduos que, muito provavelmente, não voltaremos a ver. Neste caso, não importa muito quem sejam. A relação não requer grandes informações.

Ainda assim, no estrito imediatismo daquele encontro, interpretaremos cada um dos estímulos em função das características identificadoras flagradas nestes indivíduos – sexo, idade, forma de vestir, classe social aparente, etc. –, reagindo de acordo com as informações recebidas.

Em muitos outros casos, as pessoas com quem nos relacionamos fazem parte de um verdadeiro orbital de encontros prováveis. Tendemos a revê-las outras vezes. Ou, pelo menos, temos a intenção de reencontrá-las. Dentre estas, algumas poucas constituem um núcleo fixo e restrito. Que encontramos diariamente, o tempo inteiro. Nestes casos, claro, importa muito saber quem são.

Mas aí começa o problema. Que tipo de informação devemos oferecer para que saibam quem somos? Que atributos são legítimos para nos definir? Haverá uma definição de nós mesmos na qual acreditamos? No final das contas, somos alguma coisa? Existe em nós algum ser? Existe algum ser em algo? Calma, devagar com isso. O caminho da abstração é tentador. Mas continuemos degrau a degrau.

COMPLEXIDADE CONCEITUAL

Toda definição denuncia alguma identidade. Algo que permanece naquilo que estamos definindo. Porque se tudo nele se transforma a cada segundo, teríamos que ter uma nova definição para cada um destes segundos. E todas estariam sempre caducas, vencidas pelo fluxo, pelo deixar de ser.

Da mesma forma, nossa identidade também carece de alguma permanência. Para que algo seja idêntico ao que sempre foi. Porque não basta saber quem o outro é só naquele instante.

A relação exige uma ideia de quem o outro tem sido. Do que será amanhã. Para que se possa antecipar. E cair fora enquanto é tempo. Ou ficar, para ver o dano que vai dar.

Na hora de fazer a inscrição para um curso, as opções são muitas e atrativas. Percebendo a sua hesitação, alguém faz uma sugestão. E você, então, pergunta pelo professor. E a resposta vem rápida. "Ah! ele é ótimo. Divertido. Você não sente a aula passar. Nem parece filosofia. Ele fala para a gente entender!"

Perceba que o gentil conselheiro presume que o professor, no curso vindouro, conservará as mesmas características apresentadas nas aulas anteriormente dadas. O interlocutor presume uma identidade, portanto, que serve de garantia para sua escolha.

Mas essa presunção é pertinente? O professor será sempre o mesmo? E se algo tiver acontecido? Quem sabe tenha perdido um ente querido? Estará triste? Sem o humor costumeiro. Menos disposto a fazer galhofas com as coisas da filosofia. Se houve mudança, rompeu-se a identidade? E mudamos sempre? Ou algo permanece para além dos solavancos do mundo? O que permanece, então? Vale a pena escutar o que já disseram os pensadores sobre estas questões.

BECO SEM SAÍDA

De um ponto de vista estritamente filosófico, a questão moderna da identidade pessoal encontra seu ponto de partida com Locke. O texto é lindo. Na obra *Ensaio sobre o entendimento humano*, encontramos o fragmento "Da identidade e da diversidade". O autor denuncia duas dificuldades importantes sobre o tema. A primeira: saber qual a significação do conceito de pessoa, sua definição. A segunda: indicar as condições ou os critérios de identidade de uma pessoa através do tempo. Tais dificuldades caminham juntas.

Na verdade, a identidade pessoal é uma aporia – beco sem saída filosófico – por excelência. Não surpreendem posições como as de Hume, para quem a identidade é só uma ficção, ou de Ludwig Wittgenstein, que a toma por um absurdo. Afinal, vivemos em relação. E o mundo com o qual nos relacionamos não sai da nossa frente e nos afeta ininterruptamente. Ora, se nos afeta, nos transforma. Portanto, nada em nós permanece idêntico. Fica difícil achar alguma identidade no fluxo.

Mas será que não podemos pensar em nada que simplesmente conserve a si mesmo? Imune a toda mudança? Que não se deixe corromper? Uma permanência assim exigiria blindagem frente às coisas do mundo. Mas logo se corromperia, deixando nosso tesouro à mercê da vida. Teríamos, então, que excluir tudo que fosse material. Porque quando matéria encontra matéria, entra em relação e determina efeito, mudança.

ALMA, UMA SAÍDA PARA A PERMANÊNCIA

Perturbados por estas constatações, muitos pensadores e seus discípulos garantiram que o homem é constituído também por uma alma. Digo *também* porque, claro, temos um corpo. Mas, para quem busca permanência, ele pouco ajuda. Porque não fica quieto. A deterioração é a sua sina.

Já a alma imaterial, imortal, eterna, esta talvez possa nos conferir alguma identidade. Afinal, está imune aos encontros com o mundo. Passa ilesa, porque não é matéria. É ela que talvez possamos oferecer como garantia para uma eventual definição. Para que saibamos e saibam quem somos.

Garantia tanto mais confiável quanto mais esta alma se conservar distante do que é fugaz, como tudo que é sensorial, apetitoso. A alma tem familiaridade com o que lhe é semelhante. Sua finalidade é a busca da verdade. Objetiva-se numa atividade intelectiva. De pensamento. Quem sabe não estaria aí a chave da nossa identidade?

A dificuldade desta proposta coincide com a sua maior riqueza. Sendo a alma eterna e imaterial – aspecto que nos ajuda muito – encontra-se fora de qualquer abordagem racional mais esclarecedora ou explicativa. Não há nenhuma comprovação possível que nos incentive a continuar investigando. A alma é metafísica por excelência. O que nos deixa com aquele caminhão de dúvidas sem resposta.

Assim, ao mesmo tempo em que não encontramos com facilidade um fundamento para identidade de quem quer que seja, não podemos esquecer de que sem alguma definição de cada um de nós a vida em sociedade fica gravemente comprometida. Em outras palavras, a sociedade cobrará alguma identidade de cada um de nós, com ou sem fundamento para ela. E a coisa é tão séria que o direito dela se ocupa. Com os nomes de cada um, os documentos de identidade, seus CPFs, etc.

IDENTIDADE ASSIM MESMO

Toda apresentação de si é um ritual. Obedece a uma sequência definida e socializada no hábito. Qualquer transgressão é imediatamente sancionada. Os passos que permitem a revelação de si são encadeados com rigor. A aparente espontaneidade das ações nas interações esconde todo o trabalho civilizatório que preside e orquestra qualquer encontro. A situação que o emoldura pode fornecer os primeiros referenciais. Como num bar: "Você vem sempre aqui?" A abordagem permite ao respondente apresentar um esclarecimento sobre práticas de lazer, habituais ou excepcionais.

A resposta oferecida, entre infinitas outras possíveis, começa a permitir a identificação do abordado. A reduzir sua contingência aos olhos de quem indagou. Contingência para quem pergunta. Para quem a resposta poderia ter sido qualquer outra. Determinada pelo afeto da abordagem, a resposta objetiva o interesse pela continuidade do encontro, autorizando-a ou não. "Você trabalha com o quê?", segunda pergunta de uma sequência previsível. Perceba que a simples inversão da ordem das perguntas suscitaria estranheza.

Assim, interlocutores agem para se identificar. Comunicar uma identidade. Segundo saberes práticos incorporados que, quase sempre, dispensam ponderação. Obedecem, como em uma orquestra, aos comandos indicados pela batuta de um maestro invisível. Antecipam soluções não calculadas, tendencialmente adequadas a condições objetivas de manifestação, como a idade presumida do interlocutor, sexo, indumentária, local do encontro, etc.

Mas, o que, afinal, apresentamos para esclarecer quem somos? A história que habitualmente contamos a nosso respeito, e que em geral acreditamos ser definidora de nós mesmos, é excludente de todo o resto, de tudo que não supomos ser. No entanto, também é pré-requisito da vida em sociedade. Interagir pressupõe identificar e identificar-se. Condição de inclusão, portanto. Discurso singular imprescindível, para nós e para os outros. Relato habitual que, por definir, discrimina e integra.

IDENTIDADE E SINGULARIDADE

Identidade é toda manifestação pela qual um indivíduo se atribui, prioritariamente por intermédio de um relato, um sentimento de continuidade e de relativa coerência. Trata-se, portanto, de uma manifestação que permite ao seu enunciador circunscrever-se e estabelecer uma diferença específica, com pretensões de permanência, em relação ao que lhe é externo. Objetiva-se em uma estrutura narrativa em que a consciência do eu é uma interpretação da própria trajetória.

Narrativa que, como observa Ricoeur, se serve tanto da história quanto da ficção, fazendo da história de uma vida uma estória ou, se preferirmos, uma ficção histórica, entrecruzando o estilo historiográfico das biografias com o estilo romanesco das autobiografias imaginárias.

Assim, os relatos identitários não são só memória, como propunha Locke. São mais do que simples reconstrução narrativa da percepção dos fatos da própria trajetória. À memória do que efetivamente percebemos como vivido vem juntar-se um apenas imaginado. A identidade, portanto, transcende a existência prática, factual.

Mas as ciências sociais insistem em garantir que esta singularidade era ilusória, que não há nem substância nem substrato, mas um jogo múltiplo e indefinido de estruturas diversas, físicas, psíquicas, sociais, linguísticas, que a alma não poderia ser, em hipótese alguma, o sujeito, ou a causa, ou a soma, mas no máximo o efeito. Ora, se o eu é vários outros, que resta do sujeito? Nada, sem dúvida, a não ser a ilusão de si.

Essa falta de um substrato exige de nós a repetição exaustiva do relato narrativo que nos define, para nós mesmos e para os outros. Relato das ilusões sobre si, sem objeto. Vazio ontológico. O eu nada mais é do que essas qualidades que não são ele, como ponto de fuga para o qual convergem – de maneira ilusória – paralelas anônimas. Por isso, a identidade pessoal representa um desafio para os que se opõem a uma concepção não relativa da identidade.

Afinal, diante da transformação, a identidade, para garantir minimamente a ilusão do eu, deve resistir, permanecer – ou, pelo menos, parecer permanecer – para si e para o outro.

Algo na identidade deve permitir uma apresentação de si repetida, que se mantenha em face de qualquer nova condição objetiva de existência. Algo que habitualmente oferecemos ao mundo social como definidor de nós mesmos. Satisfação de uma exigência, também habitual, por parte de múltiplos universos: a apresentação de um ou mais traços distintivos.

IDENTIDADE E RESPONSABILIDADE

A anedota de Epicármio, é indicativa do interesse que os estoicos já demonstravam pela relação entre o tempo e identidade pessoal. Dois indivíduos conversam. Um deles argumenta:

– Pense nos homens. Uns crescem, outros encolhem. Todos estão constantemente em vias de mudança. Mas o que pela sua natureza muda e nunca permanece fixo já deve ser diferente do que era antes de mudar. Você e eu somos diferentes hoje do que éramos ontem. Pela mesma razão, seremos diferentes no futuro, não seremos nunca os mesmos. Seu interlocutor parece concordar com as ponderações.

O primeiro então conclui que ele mesmo não é o mesmo homem que contraiu dívida ontem. Desta forma, dificilmente poderá ser responsabilizado por ela.

O outro, ante esta inferência, o golpeia com violência. O agredido protesta. Neste momento o agressor salienta que naquele instante ele é outro homem, diferente do que desferira o golpe um minuto antes.

Esse atributo da permanência, como condição de discussão sobre a identidade, é retomado por Locke na sua clássica definição de pessoa. Vamos ver se eu me lembro.

Um ser pensante e inteligente, capaz de razão e de reflexão, e que pode consultar-se a si mesmo como o mesmo, como uma mesma coisa que pensa em tempos diferentes e em diferentes lugares; e o faz unicamente pelo sentimento que tem de suas próprias ações, que é inseparável de seu pensamento, e lhe é inteiramente essencial, sendo impossível a qualquer ser de perceber sem perceber que percebe. Ufa. Nenhuma preocupação com o fôlego do leitor.

Esse conceito de pessoa é de um ser que tem um pensamento sobre si, consciência de si mesmo e de seus próprios pensamentos e percepções do mundo. Tudo isso guardando uma identidade graças à sua memória.

Essa ilusão do eu parece pressupor uma repetição possível, habitualmente garantidora, a qualquer interlocutor, da existência de alguém, de alguém que se chama X ou Y, que faz alguma coisa, que gosta de fazer alguma coisa, que é especialista nisso ou naquilo, que detesta um determinado ambiente, que se dá bem com certo tipo de pessoa, etc. Por isso, toda crise identitária acaba sendo uma crise de permanência.

A percepção da permanência do eu como ilusória advém de um flagrante. Um flagrante da mudança. Da diferença. Poderíamos acreditar tratar-se de um erro. Mas não há erro. Para Espinosa, erro não é a ignorância pura e simples; é a ignorância da verdade completa que faz que tomemos por completa uma verdade mais ou menos completa. Ora, um erro de representação, como o suposto erro de autoidentificação, pressuporia a possibilidade de uma representação verdadeira. Coincidente com o representado. Pressuporia a correspondência possível entre uma representação e um representado que não para de se transformar. Que é só fluxo.

Por isso, temos de admitir, com Espinosa, que só há afetos. Que só os desejos atualizam. Só esses desejos ancoram o ser desejante na atualidade crua do real. Porque nesse tempo real só há potências. Potências de agir que não permanecem. Que não se comunicam. E que não se deixam comunicar.

Daí a solidão espinosana. Condição da nossa existência. Na qual só nós sentimos o que sentimos. Sentimentos exclusivos, não conversíveis em discurso. Por isso, representações e relatos sobre si estão sempre atrasados. Quando falamos sobre o que o mundo produziu em nós, já há outro mundo e outro nós.

Discursos sobre si são anúncios mentirosos, de um produto perecido de ofício. Tentativa de informação do que não é mais. Depoimentos e perfis, tão ávidos pelo flagrante ao vivo e tão tristemente condenados a descrever cadáveres. Não é outra a definição de morbidez. Discurso sobre o que não é mais. Assim, seguimos, mórbidos, falando sobre nós.

Exigência civilizatória de um olhar travestido e mutante para um eu que, passo a passo, vai-lhe fugindo ao viver. Seguindo um ritmo de uma melodia eterna sem refrão. Porque um refrão pressupõe repetição. Num mundo que não se repete.

Num real que não volta. Na existência de um eu que é sempre outro. Inexoravelmente outro. Discurso de perseguição frustrante de um distanciamento progressivo. De corpos sempre afetados por um mundo fugaz. Mundo que é sempre espelho da fugacidade do eu.

Desta forma, se há erro na crise identitária, está na crença da possibilidade de uma única representação de si, de uma única identidade. Erra aquele que acredita afetar tanto ao próximo quanto a si mesmo.

Por isso, ir ao cinema ou a uma exposição com amigos, pode ser, quando há sinceridade, uma fonte de surpresas amargas. É difícil nos resignarmos, mesmo na amizade, a esta solidão do gosto, a esta prisão estética do eu.

Erra também aquele que crê, por toda a vida, afetar-se identicamente. Aquele que presume o eu de amanhã pelo de hoje. Erro excusável, temos que admitir.

Afinal, quem de nós não acredita continuar no dia seguinte a história interrompida por algumas horas de sono? Quem leva a sério acordar outro a cada manhã? Quem, de fato, toma por ilusórios o nome, RG, domicílio jurídico e todas as demais garantias de estabilidade que a cidadania supõe? O senso comum, o cidadão médio, o bom pai de família dos romanos, todos creem na identidade. Dessa crença dependem a ordem jurídica e a convivência social.

Assim, a questão da identidade através do tempo é marcada por um impasse. A aporia de que falamos aqui se objetiva.

De um lado, nada permanece. Portanto, nada é idêntico. O que nos leva à identidade como vazio ontológico. De outro lado, todos existimos a partir de uma crença identitária. Assim, essa identidade através do tempo supõe como critério alguma continuidade psicológica. Discussão sempre presente na filosofia contemporânea. Discussão que se reporta inevitavelmente – de forma explícita ou não – à concepção defendida por Locke.

Com efeito. Seja qual for a posição defendida – reducionistas, antirreducionistas, materialistas, dualistas, monistas – a análise busca fundamento no critério de continuidade da consciência de Locke apresentada no seu *Ensaio sobre o entendimento humano* (*An Essay concerning human understanding*), de 1690. Na definição lockeana da pessoa, o critério psicológico é aquele que garante a sua continuidade temporal e espacial. Esse critério psicológico é centrado na consciência. Uma consciência de ser o si mesmo no tempo. Consciência de ter sido si mesmo no passado e de continuar sendo si mesmo no futuro. Porque a consciência não é só consciência do presente, mas também consciência de nossos estados passados.

IDENTIDADE E MEMÓRIA

Por isso, o critério da identidade pessoal para Locke deve ser a memória. De acordo com o que propõe. Essa consciência acompanha sempre nossas sensações e nossas percepções presentes. É por aí que cada um é para si mesmo o que chama de si mesmo. Não consideramos nesse caso se o mesmo si mesmo continuou na mesma substância, ou em diversas substâncias. Porque a consciência acompanha sempre o pensamento, e que é esse que faz com que ele possa se nomear a si mesmo, e possa se distinguir de qualquer outra coisa pensante.

É nisso e só nisso que consiste a identidade pessoal. Ou o que faz que um ser racional seja sempre o mesmo. E tão longe que essa consciência possa se estender sobre as ações ou os pensamentos já passados, tão longe se estenderá a identidade dessa pessoa. O si mesmo é presentemente o mesmo que o que era então. E essa ação passada foi realizada pelo mesmo si mesmo que se remete a ela no presente no espírito.

Permanência: ilusão exigida, portanto. Impasse entre a alienação de se crer sempre o mesmo e a insanidade de se crer outro a cada instante. Daí a tristeza espinosana. É fácil ver que ela nasce da opinião sobre si e do erro que dela provém. Dentre as tristezas, a melancolia. Eliminação radical da alegria. Tristeza pelo corpo inteiro. Tristeza necessária, no entanto. Caução de pertencimento ao mundo civilizado. Onde as pessoas devem crer que permanecem, ainda que na contramão da vida.

Sem essa crença na permanência estariam comprometidas as relações sociais. A fugacidade radical condenaria o interlocutor à incerteza, à absoluta ausência de referenciais. Seriam incoerentes de ofício todas as expectativas sobre a conduta alheia. Afinal, para esperar que alguém aja de alguma maneira é preciso que haja alguém. A redução aparente da contingência do outro, ilusória, mas securitária e tranquilizadora, coloca sob os holofotes o mais habitual, garantindo, assim, aos que se relacionam, alguma existência. Como, por exemplo, enquanto um objeto de posse: meu marido, meu pai, minha professora, meu amor, etc. Recorremos à literatura machadiana:

"Não era esta certamente a Marcela de 1822; mas a beleza de outro tempo valia uma terça parte dos meus sacrifícios? Era o que eu buscava saber, interrogando o rosto de Marcela. O rosto dizia-me que não; ao mesmo tempo os olhos me contavam que, já outrora, como hoje, ardia neles a flama da cobiça. Os meus é que não souberam ver-lha; eram olhos de primeira edição."

IDENTIDADE E AMOR

Pascal também reflete sobre a identidade a partir da problemática do amor. Afinal, em face das dificuldades de conceituar a pessoa, de atribuir-lhe uma identidade, qual o objeto do amor? Meditação pascaliana que se segue: O que é o eu? Alguém que ama alguém por causa de sua beleza ama-o mesmo? Não, porque a varicela, que matará a beleza sem matar a pessoa, fará com que ele não a ame mais. E se alguém me ama por meu discernimento, por minha memória, ama mesmo a mim? Não, porque posso perder essas qualidades sem me perder. Onde está, pois, este eu, se não está nem no corpo nem na alma? E como amar o corpo ou a alma a não ser por essas qualidades que não são o que faz o eu, pois são perecíveis? Pois amaria alguém a substância da alma de uma pessoa abstratamente, quaisquer que fossem as qualidades que nela houvesse? Isso não é possível e seria injusto. Portanto, nunca se ama ninguém, mas apenas qualidades.

Ora, Pascal falando do amor e de seu objeto observa que, no que diz respeito à identidade pessoal, é preciso distinguir entre uma norma fundamental que garantiria a identidade de uma pessoa e seus índices exteriores de reconhecimento.

De inspiração pascaliana, o debate contemporâneo sobre o critério da identidade permanece. Se os estoicos ou mais tarde os modernos buscavam os critérios de identidade pessoal sem muito se preocupar com a natureza dos critérios de identidade, o mesmo não acontece na filosofia contemporânea. A questão central é sobre o que devemos entender por critério de identidade. Infelizmente não teremos tempo para visitar estes autores.

IDENTIDADE E NARRATIVA

A narrativa identitária, como todo discurso, encontra-se em circulação. Redefinição incessante de si mesmo. A fala de quem pretende se definir – o eu falando de si mesmo – é apenas um momento dessa trajetória. Porque a identidade é o resultado sempre provisório de um diálogo entre o social e o sujeito, entre as múltiplas representações enunciadas por esse último – e por ele flagradas – e a forma, sempre criativa e singular, pela qual as rearticula.

Assim, quando falamos de identidade referimo-nos não a uma espécie de alma ou a uma essência com a qual nascemos, não a um conjunto de disposições internas que permanccem fundamentalmente iguais durante toda a vida, independentemente do meio social onde a pessoa se encontra. Referimo-nos sim a um processo de construção no qual os indivíduos vão se definindo a si mesmos, em estreita interação simbólica com outras pessoas.

Por isso, a despeito da componente inventiva que caracteriza toda construção identitária, não há motivo para reduzi-la a uma pura ilusão biográfica. Porque a interação, condição de existência no mundo social, é também condição da sua definição.

Desta forma, as identidades não são o produto de mentes individuais isoladas, mas de relações interpessoais que ganham expressão a partir do recurso social compartilhado da linguagem, no diálogo, nas práticas e nos fluxos comunicativos cotidianos.

Identidades que surgem no teatro da vida social nos remetem às máscaras de personagens que interagem na cena do cotidiano. Máscaras que, mais do que simplesmente substituídas a cada nova interação, se sobrepõem. Porque as novas, supervenientes, se ajustam à topografia das anteriores, relevo do já vivido.

A personagem substituída dita as condições de possibilidade existencial daquela que lhe substitui. No teatro da existência social, não substituímos máscaras, criando indefinida e livremente novas personagens para novas relações. A definição identitária tem condições objetivas de natureza social.

É na pluralidade de manifestações sobre si que se encontra matéria-prima para compor um quadro de características com mais chances de reconhecimento. Assim, a identidade não reconhecida – ou aceita apenas parcialmente – produz dissonância entre o que esperamos que pensem de nós e o que efetivamente pensam. Mas nem sempre essas manifestações são coerentes entre si. Apresentam-se no mais das vezes de maneira contraditória, produzindo efeitos sobre seu objeto.

Nessa polifonia, os discursos identitários não se equivalem. Agem desigualmente na construção das representações que têm o sujeito como objeto. A medida dessa desigualdade não se encontra na sintática ou no léxico, mas na legitimidade de quem fala, na autoridade de que está investido o porta-voz para se manifestar sobre esta ou aquela identidade.

Assim, participa da construção identitária qualquer manifestação de enaltecimento, de valorização social. Ora, esse tipo de manifestação será tanto mais eficaz quanto mais distante socialmente se encontrar o porta-voz do sujeito enaltecido.

Em suma, o mundo social fornece elementos para uma autodefinição provisória. Ao mesmo tempo, condiciona qualquer tipo de existência nele à indicação de características discriminantes, que facultem identificação. Sem relato identitário não há pertencimento.

IDENTIDADE E MORAL

Argumentos morais, objetivadores de uma identidade, e – no caso dos profissionais da mídia – o juízo moral desinteressado como traço identitário maior.

A dimensão moral concerne a uma pessoa responsável. Pressupõe uma relação de reciprocidade entre personalidade e responsabilidade. Porque uma determinaria outra. Assim, a pessoa é definida em função do que deve ou não fazer. Isto é, eu sou aquele que deve fazer isso ou aquilo. Eu sou aquele que, em hipótese alguma, virá a agir de certa forma.

Afinal, quando somos convidados a dizer quem somos, acabamos indicando as coisas que nos alegram e as que nos entristecem. Em suma, oferecemos a nossos interlocutores o valor que atribuímos às coisas do mundo em função da forma como essas coisas nos afetam.

Assim, a alegria determinada pelo encontro com certa paisagem, obra literária ou comida acaba permitindo uma definição de si. Mas, além dessas coisas que nos afetam, o mundo das ações humanas também não nos deixa indiferente. Por isso, também lhes atribuímos valores. Valores morais.

Quando Marcel Conche comenta Montaigne observa que o fundamento de seu ser e da sua identidade é puramente moral: ele está na fidelidade à fé que jurou a si mesmo. Que não é realmente o mesmo de ontem. É o mesmo unicamente porque se confessa o mesmo. Porque assume um certo passado como sendo seu, e porque pretende, no futuro, reconhecer seu compromisso presente como sempre seu.

Nesta perspectiva, concluímos que somos entes porque nos sentimos responsáveis pelo que fizemos. E só podemos ser responsáveis porque acreditamos que continuamos sendo quem somos. A ilusão tem de ser compartilhada.

Por isso, o discurso moral é um discurso identitário de pertencimento a um grupo de agentes morais. A um universo de pessoas que, por sua vez, se singularizam em face de outros universos. Para ir além nessa reflexão devemos aprofundar essa relação entre moral e identidade. Assunto para um novo livro, quem sabe!

Para seguir na reflexão sobre identidade, comece lendo *Ensaio sobre o entendimento humano*, de John Lock, mais especificamente o fragmento "Da identidade e da diversidade".

Para treinar um pouquinho o inglês, leia do David Wiggins, *Sameness and substance*, em especial o começo do capítulo 6, "Personal identity". Se ainda estiver disposição, procure também: *Problems from Locke*, de J. L. Mackie. Uma cereja para seu chantilly pode ser: *Introdução à filosofia do espírito*, de Pascal Engel. E, para um mês de férias, um excelente investimento é *Montaigne et la philosophie*, de Marcel Conche.

“O poder é aquilo
que nasce do cano
de uma arma.”

Mao Tsé-Tung

PODER
Uma arte de relações e reações

Nosso objetivo é falar sobre poder de uma forma diferente. Tratá-lo não somente como um problema político, o que é o mais comum, mas como uma questão de relações interpessoais nas quais o "mandar em alguém" se dá a partir de certas condições. Para que o tema seja melhor compreendido, precisamos fazer algumas considerações iniciais. Em primeiro lugar, para que haja o que chamamos de poder, é preciso que concebamos as pessoas como social e politicamente diferentes umas das outras. É necessário que, de alguma forma, aceitemos que as regras e modos de tratamento dispensados a uns não valem para outros. Em suma, devemos considerar as relações sociais marcadas por desigualdades.

Em segundo lugar, considerado o modo particular como as pessoas se desigualam – como professor e monitor, patrão e empregado, rei e súdito, etc. – é preciso não só especificar essas diferenças, mas também legitimá-las. Isso significa dizer porque o rei merece a realeza, porque o desigual merece a sua desigualdade. Estamos diante de duas questões, portanto. A primeira: quem e como são os diferentes? A segunda: por que os diferentes merecem sua diferença e modo diferenciado de tratamento, que marcam os saberes produzidos acerca do poder? São os questionamentos que balizam uma epistemologia do poder.

Algumas reflexões, mesmo sem um aprofundamento no discurso filosófico, já podem ser feitas aqui. Uma vez que o poder está baseado na desigualdade, não é à toa que aqueles que o exercem desenvolvam toda uma estética e rituais em torno de sua pessoa e de seus iguais, procurando manter esse acervo com unhas e dentes. É a coroa do rei, a roupa de grife do empresário, o gosto dito sofisticado, etc.

Ao agir assim estigmatizam como inferior o que é diferente, tudo o que identifica os que não pertencem a uma elite qualquer. Como, por exemplo, quando se diz que gostar de música clássica é uma qualidade e enquanto gostar de funk é demonstração de ignorância e mau-gosto.

Ainda como efeito dessa necessidade de destacar positivamente o que distingue os poderosos é possível identificar a desqualificação, de forma mais violenta e incisiva, das tentativas feitas no sentido da aproximação ou apropriação indevida dos sinais de *status*. É o caso das falsificações de produtos, cujo uso é condenável não só pelo aspecto ilegal, mas sobretudo por ser grotesco, no sentido de configurar a tentativa de parecer, mas não ser.

Estas atitudes apontam para uma premissa sociológica do poder, quando ele é o efeito de uma relação entre pessoas que interagem em condições de desigualdade. Neste campo da interação, podemos destacar três perfis. O dominante, guardião e usuário legítimo dos símbolos de poder. O pretendente a dominante, ou o dominado que acha que pode tornar-se dominante, o grotesco. E, por último, o dominado, o puramente dominado, o que se qualifica como não sendo nem dominante e nem pretendente a dominante. Cada um tem seus símbolos.

Considerada essa premissa sociológica, os discursos filosóficos acerca do poder se dividirão em dois tipos fundamentais: de legitimação de determinada relação de poder ou dominação ou então serão focados na análise ou compreensão das relações de poder. Em ambas as perspectivas, que podemos chamar aqui de legitimadora (a primeira) e de analítica (a segunda), estes discursos ou filosofias podem estar a serviço de quaisquer destes três grupos: dominantes, dominados que podem ser dominantes e dominados sem chances de dominação.

PODER É ALGO QUE SE TEM

Vamos recorrer a alguns pensadores para avaliar melhor a questão e podemos começar por um que se mostrou claramente preocupado com a legitimação de determinada forma de dominação. É dele o discurso de legitimação presente naquela que pode ser considerada a primeira obra de filosofia política da história, estou falando de *A República*, de Platão.

Sua pretensão com a obra não é propriamente demonstrar a seus contemporâneos como o poder funciona, ainda que em alguns momentos da obra possa ser encontrada uma espécie de análise, mas sempre em tom de crítica. É o caso da democracia, que Platão desqualifica como condição de propor sua visão de como a cidade deveria ser governada e, portanto, de como o poder deveria ser exercido.

Isso é muito curioso, porque enaltecemos a democracia como o melhor dos regimes políticos e, em especial, creditamos à democracia grega antiga o *status* de paradigma da boa democracia, a mais perfeita das formas históricas de democracia. Pois para os filósofos a coisa não era tão digna de elogios assim. Não há sequer um filósofo grego que enalteça a democracia sob a qual vive. Talvez seja uma sina de todos nós, antigos e contemporâneos, desgostar da vida política que temos e amar a que não temos. Mas no caso de Platão, sua crítica se sustenta por seu elitismo.

Ele acreditava que nem todos nasceram para o exercício de nobres funções como a governança ou a filosofia. Natural, para o grande elitista que era. Segundo ele, apenas uma minoria seria digna das funções mais importantes, do mesmo modo que apenas alguns poucos são os verdadeiramente inteligentes, fortes, rápidos, audazes e assim por diante. Sendo a democracia um regime no qual qualquer homem livre pode manifestar-se e deliberar sobre os rumos da *pólis* e acolhedora de uma maioria indigna de ser tomada como inteligente, é de se esperar que resulte das deliberações da *agorá* – a praça pública na antiga Atenas – a vitória dos argumentos mais estúpidos. O que esperar, afinal, de leis produzidas por esta verdadeira reunião de idiotas? Nada além de uma vida idiota numa cidade idiota.

As leis deveriam nortear a todos para a vida boa e não o contrário. Deveriam conter a sabedoria do que é bom para todos e não apenas o que é bom para alguns. No caso, o que é bom para os que convenceram, pelas suas belas palavras, o povo estulto de Atenas.

Veja que Platão acaba aceitando que há uma forma de poder que é exercida pela força, cuja origem pode estar nas armas ou nas palavras, por meio do convencimento ou sedução do público, o que era mais comum na Atenas de então. Mas este poder é um mau poder, não deveria existir, merece desqualificação e, comumente, no discurso filosófico e mesmo no senso comum, será chamado de dominação. Espelho de uma ascendência ilegítima de uns sobre outros.

Poder, para Platão e todos os que seguiram sua linha idealista de pensamento – que refletiram a questão do poder não a partir do que ele realmente é e de como realmente funciona, mas a partir de como tal poder deveria idealmente ser – algo diferente da dominação, que é sempre condenável, uma força exercida sobre outros de forma legítima. Podemos resumir assim: dominação é força ilegítima, poder é força legítima sobre os outros.

Já sabemos a razão que leva Platão a deslegitimar a democracia. Ele reconhece nela mera dominação ou tirania de uma maioria despreparada. Ele acredita que, se as leis forem produzidas com sabedoria – não qualquer uma, por certo, mas a sabedoria da vida boa, de acordo com a ideia do bem – a governança da *pólis* será boa. Ele legitima, portanto, pelo resultado: a vida boa ou a vida que valeria a pena viver se pudéssemos. Mas para fazer leis assim tão boas e cheias de sabedoria, seria preciso um legislador igualmente bom e cheio de sabedoria, mas onde encontrá-lo? Platão responde: aqui mesmo, na sua frente! Estão aqui os filósofos!

Tais especialistas são os que, afetados de um tipo de amor, a *philia* – amor na presença – buscam o bem em si mesmo, ou, mais precisamente, a ideia do bem. Isto faz deles pessoas necessariamente mais conhecedoras que as outras da vida boa a ser vivida e, portanto, dignos de comandarem as vidas alheias. E os não-filósofos? Agem bem quando obedecem ao filósofo, que sabe que a melhor vida para ele é a melhor vida para todos.

Desta maneira, Platão não descreve o poder tal qual ele é exercido, mas como deveria ser exercido ou, mais precisamente, por quem deveria ser exercido. Poder legítimo do filósofo em contraponto ao poder ilegítimo dos não-filósofos de toda espécie.

Ele foi o primeiro a arriscar algo nesta linha, mas não foi o único. Filósofos e filosofias legitimadores de alguma forma de poder foram uma constante não só na Antiguidade como no medievo e em boa medida são encontrados com facilidade ainda hoje. É o caso do *Policraticus*, de John de Salisbury (1217), no qual, reformulando doutrina aristotélica do poder como consequência de uma causa primeira, afirmava que o poder do soberano tem como causa eficiente um contrato celebrado entre súdito e povo, tudo mediado por Deus.

Ou então, como o deputado que diz: "Tive um zilhão de votos e por isso minha palavra deve ser respeitada!". Ou ainda, no currículo que o professor apresenta antes de uma aula, em que demonstra ter feito doutorado na universidade de "sei-lá-onde" e pós-doutorado em "qualquer-coisismo" na universidade de onde o vento faz a curva. Ele demonstra seus títulos, ainda que objetivamente não queiram dizer muita coisa.

São formas de legitimação do poder a partir da demonstração das justificativas que credenciam determinada pessoa ou grupo ao merecimento de dominar os demais. Isto porque são especiais ou diferentes, porque são mais dignos que outros. Mas todos estes discursos também têm um mesmo público-alvo, um *target*, como o pessoal da publicidade gosta de dizer. Os súditos. É na crença dos súditos que qualquer um destes discursos torna-se eficiente para fundamentar um modo qualquer de exercício do poder.

Assim, a realeza do rei que se diz escolhido por deus só é efetiva se seu súdito acreditar nas coisas do divino, temê-lo e igualmente acreditar que o próprio Deus realmente escolheu o coroado para governá-lo. Da mesma forma, só a nossa crença na democracia ou na eficiência das universidades é que sustentam a respeitabilidade e o poder de um deputado ou de um professor. Se você acha, como Platão, que a maioria dos eleitores é idiota, tende a não respeitar também nossos legisladores, da mesma maneira que não levará muito a sério o que diz um professor se também não respeitar a universidade que o titulou.

Há outro ponto em comum aos discursos de legitimação. Ao tratar o poder a partir de quem o detém, acabam por apresentá-lo como se fosse uma coisa, algo que pudesse ser possuído e guardado no bolso. "Ele tem poder!", costumamos dizer, como se neste caso poder fosse um objeto e não uma relação. Sendo objeto ou coisa, confunde-se não apenas com os seus possuidores, mas também com os símbolos que o identificam.

Por exemplo, uma narrativa de desenho animado. Entre os mais conhecidos dos anos 1980, como He-Man, Comandos em Ação e coisas do gênero. Quem foi criança ou adolescente ou teve filhos nesta época sabe do que estou falando. Se não conseguir estabelecer a referência, procure na internet, vai achá-los com certeza.

Nestes desenhos, um mesmo enredo sempre é repetido. No início o bem, representado por um heróis ou grupo de heróis fortões e com superpoderes. Seres obviamente excepcionais. Gente que claramente possui algo que outros não têm e que os habilita a dominar seus grupos. Divertem-se com algo boboca, alheios aos planos malévolos do vilão. Este, por sua vez, apresenta em cenário sinistro seus planos de dominação do universo. Sempre megalômanos. Nestes planos, frequentemente é apresentado um objeto qualquer que tornaria o vilão imbatível. Que lhe daria mais poder que o mocinho fortão. Algo como um diamante ou espada do poder.

A ação tem início quando alguém denuncia para o mocinho as más intenções do vilão – sim, há delatores em algum lugar. Ali é dada a partida rumo ao confronto. É preciso evitar que o mal se aproprie de mais poder. Se ele tomar para si o cetro do poder, o que será da humanidade? Jamais jogaremos peteca novamente! É preciso evitar esta tragédia a todo custo!

O clímax se dá quando o mocinho cai numa armadilha fantástica preparada pelo vilão. Mocinho capturado, o objeto emanador de poder é tomado pelas forças do mal. É geralmente nessa hora que vem o intervalo. Será que o vilão vencerá? Conseguirá o mocinho escapar da armadilha estúpida? É o que veremos após o intervalo comercial, repleto de anúncios de brinquedos. Retomada a história, o mocinho escapa, geralmente de uma maneira tão cretina quanto aquela em que se deixou capturar. Antes, porém, bem e mal se enfrentam, diretamente. O bem usa de todas as suas forças para vencer o mal. Põe em ação seu objeto de poder. Sua espada justiceira, seu olho de águia, seu raio *megablaster*.

No confronto, o objeto disputado pelo vilão, sua nova fonte de poder, é destruído. Trata-se de um poder grande demais para que alguém o tenha. Na sua destruição, o cenário inteiro vem a baixo. É um terremoto em meio a explosões. O vilão aproveita para escapar, pela porta dos fundos, enquanto o mocinho foge pela entrada principal.

No epílogo, a lamentação do vilão: "Não foi desta vez, mas eles não perdem por esperar!" Segue, então, uma longa risada sinistra. O mocinho retoma sua vida de paz e felicidade, geralmente com uma piadinha do personagem cômico. Uma deixa para que todos os personagens do núcleo bonzinho da trama gargalhem alegremente.

Diferente do que possamos considerar, o poder tratado como algo visível, algo de que se possa apropriar, não existe somente em desenhos pré-adolescentes. Muitas vezes, as relações de poder são representadas da mesma forma na mídia ou em outras instâncias sociais. "Fulano fez alianças com beltrano e isso garantirá mais poderes para sua reeleição." Não soa familiar? Outros exemplos: em campeonatos de lutas, são feitas cerimônias para o recebimento de medalhas ou faixas, como se de tais peças emanassem um poder especial. Outro exemplo é o do sacerdote religioso que diz operar milagres, mas cujo poder milagreiro não é propriamente seu, mas sim de Deus, fonte ou símbolo do poder.

São exemplos nos quais o poder é tomado da mesma maneira que os discursos de legitimação. Aqui o poder já é tomado como legítimo e apenas o narram como coisa emanando de uma fonte. Como a nossa Constituição, que diz que "todo poder emana do povo, que o exerce por meio de seus representantes ou diretamente, nos termos desta Constituição". Efeito de distinção entre o poderoso e a fonte de seu poder, como o mocinho do desenho, cujo poder vem da espada, ou o deputado, nosso representante, cujo poder viria de nós, o povo.

Representação transcendental do poder afinada com a filosofia idealista de Platão e com todos os discursos, filosóficos ou não, que pretendem legitimar alguma forma de dominação e seus símbolos. Mas como os desenhos animados, é uma balela. Engodo essencial à dominação.

PODER É DOMINAÇÃO

Nicolau Maquiavel percebeu isso na virada do século XV para o XVI. Ele não pensou o poder a partir de uma perspectiva de legitimação, o que sob seu ponto de vista não faria sentido, pois todo discurso de legitimação nada mais é que uma fala dirigida aos súditos e que torna possível sua dominação. Esta forma de pensar o poder rendeu-lhe não só a consagração filosófica, como também uma condenação moral histórica. Tornou-se adjetivo pejorativo. Maquiavélico é ser ardiloso, traiçoeiro, perigoso. Coisa de mafioso que usurpa poder para usá-lo de forma ilegítima.

Outro filósofo também pagou caro por contrariar, simultaneamente, todos os discursos de legitimação do poder: Bento de Espinosa. No *Tratado Teológico Político,* ele afirma que todas as religiões são apenas instituições políticas e que, como tais, servem somente para legitimar formas de dominação. Lançou as bases da moderna teologia, na qual os textos sagrados das religiões são lidos como discursos datados, de uma época específica, dirigidos para um povo específico e formulados por um líder. Por força de suas ideias, Bento de Espinosa ganhou a excomunhão. Tornou-se maldito entre todas as grandes religiões.

Abri um parêntese rápido apenas a título de acrescentar mais um dado, mas preciso voltar a Maquiavel, primeiro a denunciar os discursos de legitimação como enganosos. Em sua obra mais conhecida, *O príncipe*, ele diz:

"[...] como minha intenção é escrever o que tenha utilidade para quem estiver interessado, pareceu-me mais apropriado abordar a verdade efetiva das coisas e não a imaginação. Muitos já conceberam repúblicas e monarquias jamais vistas, e que nunca existiram na realidade; de fato, a maneira como vivemos é tão diferente daquela como deveríamos viver que quem despreza o que se faz pelo que deveria ser feito aprenderá a provocar sua própria ruína."

Os discursos de legitimação do poder têm sua utilidade para o governante, na medida em que ajudam a manter os governados sob controle, submetendo-os pela crença em sua realeza. Mas Maquiavel deixa claro o quanto é perigoso que o governante acredite neste tipo de poder. Se uma filosofia legitimadora do poder é discurso dirigido aos súditos, para os governantes o melhor seria atentar para os discursos que explicam como o poder é obtido e mantido. Uma perspectiva sociológica, portanto, lhes cairia melhor. Mas por quê?

Simples. Imagine uma mulher bonita que, desde a infância, é chamada de princesa, lindinha, *teteiazinha* do papai e outras *melosidades* do gênero. Imagine se essa menina realmente acreditasse que é bonita por natureza ou graça divina e que, portanto, sua beleza inquestionável durará para sempre. Não verá necessidade em cultivar a própria beleza. Desleixada, será tida como feia, mas não acreditará no que lhe dizem. "São cegos que não veem que sou princesa!"

Este exemplo pode parecer meio absurdo, mas permite perceber, em primeiro lugar, que tem gente que é assim mesmo. Em segundo, ele fica menos estranho se imaginarmos alguém poderoso em vez de belo. Quantos não perderam o poder porque subestimaram a situação em que se encontravam? Quantos não caíram do cavalo porque superestimaram as próprias forças, o próprio poder? A história está repleta de exemplos assim.

O poder é algo que se conquista e se mantém com muito esforço. Não é uma dádiva natural, como os discursos legitimadores fazem crer. É preciso uma grande disposição de espírito para ser vitorioso no jogo da dominação. Disposição que Maquiavel chamou de *virtu*.

O termo *virtu* é latino e significa virtude, mas ninguém traduz para que não se faça confusão com o sentido mais comum atribuído à expressão virtude: uma boa disposição de espírito, o bom, o confiável, o generoso, o corajoso e assim por diante. Só qualidades. Para Maquiavel não é bem assim. Ter *virtu* é ser conhecedor do que é necessário fazer para conquistar e manter poder e, ao mesmo tempo, ser impetuoso o suficiente para levar a cabo o que sabe ser necessário para dar conta desta empreitada.

O poder é o resultado de um embate, de uma guerra. Tanto é que Maquiavel chega a afirmar que o conhecimento mais importante que um príncipe deve ter é o da arte da guerra. Não que ele vá necessariamente comandar exércitos em batalhas, mas porque na política tudo é guerra. Carl von Clausewitz, o general prussiano autor do clássico *Vom Kriege*, ficou famoso por sua máxima: "A guerra é a continuação da política por outros meios." Pois a máxima maquiavélica seria o inverso. A política é que seria a continuação da guerra por outros meios. Na guerra se bombardeia e se atira, na política mente-se, engana-se e assim por diante.

Tanto na guerra quanto na política é preciso ter *virtu*. Um bom soldado deve saber quando e onde atacar para causar o maior estrago ao inimigo sem comprometer em demasia suas próprias forças. Também o soberano deve saber, de forma realista, quais os pontos fracos dos seus inimigos políticos, como atacá-los para subjugá-los. Ambos também devem, sabendo o que é preciso fazer, ter a coragem de fazê-lo. A coragem de matar, enganar, trair, dissimular. Tudo em nome da glória e do poder.

Chocados? Não fiquem! Maquiavel não é um sádico que nos incentiva à vilania a qualquer preço. Ele é apenas um realista. Alguém que acredita que a política é o que é porque o homem é o que é. Somos seres desejantes e como tal demandamos conjuntamente benefícios escassos, assim como também rejeitamos conjuntamente malefícios abundantes. Em suma, apenas uns poucos podem se dar bem na vida e ainda assim às custas do prejuízo uma multidão.

Outro dia vi um economista dizer que uma taxa de desemprego em torno de uns cinco a dez por cento não só é aceitável como desejável numa economia em desenvolvimento. Para o especialista, é preciso ter mão de obra ociosa para ser contratada no momento em que o mercado precisar. Caso contrário, a expansão econômica seria prejudicada. Fácil aplaudir estando empregado, não é? Gostaria de ver o que o desempregado acha disso.

O fato é que todos querem usufruir dos benefícios e afastar malefícios. Para ter os primeiros e fugir dos últimos, competimos com nossas armas. Uns chegarão lá, no topo. Serão os poderosos. Mas para isso, muito provavelmente terão que causar danos a outros. Somos seres desejantes e competitivos, volto a afirmar. Por esta razão, o poder será sempre o resultado de luta e não de harmonia.

Chegamos a um bom momento para fazer um desagravo, uma breve justiça a Maquiavel. Ele ficou famoso pela frase "os fins justificam os meios". Corolário do despotismo, do uso indiscriminado e violento do poder para a satisfação das próprias vontades. Esta frase é interpretada como se Maquiavel tivesse dito que, tendo em conta o que se deseja, tudo é válido. Mas, é preciso frisar que ele não considerava que o ideal pudesse qualificar alguma atitude. Não era um idealista e nem tampouco proferiu a tal frase. Ela é uma livre interpretação, dentre tantas outras possíveis, de um trecho que não encontra tradução literal do italiano do começo do século XVI para o português. Em cada tradução de *O príncipe* a frase é dita de maneira diferente. Para melhor julgá-la é preciso saber que raciocínio que envolve.

Ela surgiu no final do capítulo XVIII, num tempo em que Maquiavel tentava responder se o príncipe deveria manter a palavra empenhada. Que os cavalheiros deveriam fazê-lo não havia dúvida, mas e o príncipe? Maquiavel achava que não. Para ele, as regras morais que valem para os homens comuns não se aplicam ao soberano no exercício do poder.

Pessoas comuns, por princípio, agem com liberdade. No momento em que optam por uma religião ou dieta, cumprindo como norma de conduta moral os seus princípios, o fazem porque assim desejam. São livres para fazer suas escolhas. No caso do homem poderoso, as coisas se dão de forma diferente. Considere um soberano cristão, que teria por dever ético-religioso o oferecimento da outra face quando esbofeteado. Tomaria um segundo tapa, mas estaria feliz por ter seguido o princípio cristão do pacifismo. Mas no momento em que transpomos este mesmo princípio para o dia a dia da gestão do Estado, isso pode significar que se as fronteiras do norte forem invadidas, as do sul podem ser desguarnecidas também.

Em nossa vida privada, podemos agir segundo princípios rígidos, escolhas pessoais, pois nós é que sofreremos as consequências boas e más de nossas atitudes e iniciativas. Quando somos governantes, porém, não podemos nos dar ao mesmo luxo. Devemos observar as consequências de nossas ações, uma vez que afetam outrem. A isto chamamos de responsabilidade.

É à responsabilidade que Maquiavel tenta chamar o príncipe, numa indicação de que o poder a traz consigo. Hoje isso é uma obviedade, mas no tempo de Maquiavel não era. Os príncipes, crentes nos discursos que legitimam seu poder, achavam-se acima das leis. Acreditavam que, se Deus havia lhes conferido poder, então somente a ele deviam obediência e respeito. Isto era agir de forma irresponsável, sem respeitar à ética do poder. Ali, os soberanos não percebiam que seriam julgados, não por tribunais e leis, posto que eram os próprios príncipes os homens legisladores, mas pelas consequências de suas ações.

Tempos depois de Maquiavel, Weber disse o mesmo. Que existem duas éticas, a da convicção e a da responsabilidade. Ninguém o chamou de capeta só por causa disso. Maquiavel, por sua vez, teve a obra condenada como herética pelo Concílio de Trento.

Mas o que importa é, em resumo, a perspectiva que Maquiavel inaugura sobre o poder. Uma abordagem de cunho mais sociológico e, consequentemente, preocupada em demonstrar como o poder é exercido – a verdade efetiva das coisas, como coloca o próprio Maquiavel. Discurso voltado para o soberano e não para o súdito. Ao apresentar regras sobre como conquistar e manter o poder, Maquiavel também deixa claro algo até então inédito, destacando que o exercer este poder não é propriamente um ato de liberdade.

Os discursos de legitimação acabam dando ao poderoso a ideia de que ele é livre no exercício do poder que, quando tomado como algo que já se tem, por natureza ou concessão, torna válida e legítima toda e qualquer atitude. Ledo engano. O exercício do poder é uma arte reativa, que se cumpre na medida dos desafios que se apresentam.

Como na guerra, onde cada decisão é tomada em razão de cenários específicos, riscos e possibilidades, onde toda avaliação é de custo e benefício, onde não há garantia de sucesso. Deus não está do lado do incompetente. Nem do talentoso. Não está do lado de ninguém na luta pelo poder. É cada um por si e somente os mais virtuosos é que alcançarão sucesso.

Algumas excelentes leituras podem ser de extrema utilidade se houver intenção de ficar mais informado a respeito do tema sobre o qual acabamos de refletir. São altamente recomendáveis *A República*, de Platão e *O príncipe*, de Maquiavel.

"Um homem não
pode montar nas
suas costas a
não ser que elas
se inclinem."

Martin Luther King

DOMINAÇÃO
Disciplinados e submissos

Tão importante quanto entender a questão do poder pela ótica de filósofos como Platão e Maquiavel é também observar o desafio do tema sob a luz do olhar contemporâneo. Numa perspectiva semelhante à de Maquiavel, não preocupada com a legitimação do poder, mas com a sua compreensão, temos a filosofia de Michel Foucault, moderno ainda hoje.

Foucault não foi o primeiro a tratar do poder a partir do ponto de vista daquilo que se faz enquanto se domina. Maquiavel teve a primazia neste aspecto. Mas foi Foucault que, auxiliado pela produção dos que o antecederam, melhor observou alguns pontos desta visão, em especial o que se refere à falta de liberdade no exercício do poder.

Foucault deixa claro que é um erro tratar poder como um objeto. Poder não é algo que se tem, mas algo que se faz. Uma relação, portanto, e não uma coisa. O poder não é o cetro, a coroa ou qualquer outro símbolo. O poder é aquilo que o detentor da coroa e do cetro consegue infligir a outros. A imagem que melhor serviria para simbolizá-lo não seria, assim, a dos ícones de realeza e *status*, mas a da submissão do súdito, a chicotada no escravo, a cassetada da polícia no professor que protesta por melhores salários.

É um modo de pensar o poder sem uma relação de causalidade, na qual seria preciso primeiramente apontar o centro emanador e causador de todos os efeitos de dominação. O poder não procede de um lugar para outro, porque ele não está condensado ou concentrado em determinado lugar ou coisa. Trata-se de um acontecimento social possível por conta da concomitância dos efeitos do poder com suas condições de possibilidade.

Explico melhor: vamos pensar numa sala de aula. Os alunos chegam e vão se acomodando em seus lugares. Ninguém ocupa a cadeira que fica sobre o tablado, apesar de ser a mais confortável entre todas. Alguns dos estudantes, mesmo com dúvida, se calam, não interrompem, não sabem se podem fazê-lo. Outros, mais ousados ou angustiados, levantam a mão e aguardam a permissão do professor para perguntar. Se um extraterrestre aparecesse de repente, não teria dúvidas, não diria algo como "leve-me a seu líder". Ao ver o professor sentado na cadeira no alto do tablado, iria direto até ele. Pois bem, como esse poder pode ser exercido, como isso é possível?

De aula em aula, as pessoas aprendem ao longo da vida o que é ser um aluno. De algum modo, foram "alunizadas" em suas trajetórias acadêmicas. Aprenderam desde o jardim de infância a sentar-se no lugar apropriado da sala, a calar-se enquanto o professor fala e a levantar a mão para perguntar algo. As regras foram aprendidas e incorporadas. A partir de certo momento, não precisam mais ser explicadas a ninguém antes de uma aula. Quando você entra em um curso e vê seu professor, tais conceitos já estão assimilados. Ninguém é submetido a um código ou algo parecido para participar de uma aula. Seria desnecessário, uma vez que o código já está aí, em você. É isso, esse saber do que é ser um aluno que torna o poder do professor possível.

SABER E PODER

Um não existe sem o outro. Só é possível que determinada relação de poder aconteça porque as condições de aceitação de seu exercício já estão instituídas e absorvidas pelos súditos ou dominados. A questão central para que se possa compreender o poder como uma relação não é propriamente entender porque alguém manda, mas sim porque quem obedece acata. É o fato de uma pessoa estar submetida à vontade de outrem e não a consagração como soberano que deve chamar nossa atenção.

Estes saberes dos súditos ou dominados sobre eles mesmos e a respeito tanto da sociedade como de quem tem a prerrogativa de governá-los é que delimitam as possibilidades de qualquer exercício do poder. São estes saberes que tornam a guerra pela conquista e manutenção do poder um caminho sem liberdade, onde são muitas as batalhas de discursos e saberes que impõem limites.

Dizem por aí que no amor e na guerra vale tudo. Isso é mentira, claro; as coisas não funcionam assim. Vá a um bar, por exemplo, e ao ver uma mulher bonita pegue seu tacape e a atinja na cabeça. Imediatamente, você verá o quanto essa estratégia será ineficaz para assegurar a conquista amorosa. Provavelmente vai lhe render cadeia e talvez até um linchamento. Talvez em outros tempos essa tática tenha dado certo. Lá, no tempo das cavernas e sob condições diferentes para a concretização de uma relação amorosa.

Na guerra ocorre o mesmo. Repare como que em cada momento da história, todos guerreiam de uma maneira, como se obedecessem a uma determinada regra. Nas guerras napoleônicas, franceses de uniforme azul pascoal e ingleses, do outro lado do campo, com uniformes vermelhos, ambos com faixas brancas cruzadas no peito, como um alvo. Mande um exército trajado assim para uma frente de batalha atual e veja o massacre que vai ocorrer em segundos. Roupas chamativas e marcha em campo de batalha talvez tenham sido recursos eficientes nos tempos napoleônicos, mas hoje só servem como alegoria em desfiles militares festivos e outros eventos semelhantes.

Há regras tanto no amor quanto na guerra. E na luta pelo poder não é diferente. "Aquele que ignora as regras conhecerá o fracasso", dizia Maquiavel. Com Foucault aprendemos a compreender melhor tais regras, dentro do que o filósofo definiu como genealogia do poder.

Tomando ainda o caso da guerra e de suas regras, podemos observar que, de modo geral, os confrontos guardam muita semelhança com os jogos. Em ambos existem como componentes a animosidade e o objetivo de superar o adversário. Em ambos existem regras. A diferença é que no jogo elas são definidas previamente, enquanto na guerra são o resultado das tecnologias disponíveis para matar, dos modos existentes de submeter a vontade do inimigo, como dizia o general prussiano Clausewitz, considerado um dos grandes estrategistas da história e, por excelência, um teórico da arte da guerra.

O DOMÍNIO EM AÇÃO

Aqui é possível fazer uma analogia com o poder. As regras que o condicionam não são estipuladas previamente, mas constituem a compilação dos modos disponíveis em determinado momento de constranger a vontade de outros à nossa. Modos estes que são, como as tecnologias, renovados e reinventados a cada instante. Para conhecê-los, é necessário observá-los como um processo, como normas que têm começo ou gênese, uma forma específica de desenvolvimento e, finalmente, um perecimento. Não por acaso, Foucault fala em genealogia do poder, isto é, da compreensão histórica de como determinados saberes foram consagrados como condições de possibilidade de dominação de uns sobre outros.

Em uma de suas obras mais conhecidas, *Vigiar e punir*, que tem como subtítulo a história do nascimento das prisões, o filósofo não apresenta propriamente um livro de história. Na verdade, Foucault às vezes chega a ser impreciso quanto a datas e fatos. Mas em compensação, nos traz uma história dos saberes, de conceitos flagrados em relatórios e dossiês, de processos identificados em documentos produzidos como parte da ação de dominar. Foucault faz emergir de documentos aparentemente chatos os saberes que tornam possível a existência de determinada forma de exercer o poder.

Habilidoso em seu relato, ele nos mostra um painel de ideias que se estabelece entre os séculos XVIII e XIX e que torna plausível que a prisão seja considerada uma punição. A prisão já existia desde muito antes dessa época, mas, curiosamente, até então não era uma forma de punição. Funcionava como um depósito. Deixava-se o sujeito ali enjaulado para não fugir, para aguardar a verdadeira pena, que poderia ser um sacrifício físico, entre outras coisas desagradáveis do gênero, incluindo o extremo de uma execução.

Para que a prisão pudesse ser pensada como elemento de punição foi preciso que algo se alterasse na dinâmica da sociedade europeia. A mudança detectada foi relativa à ideia de disciplina. Os séculos XVIII e XIX foram os de consagração de uma espécie de ideologia disciplinar. E neste momento surgiram máximas como "a pontualidade define o caráter" ou o rótulo de educado a um menino submisso e de mal educado ao outro que faz o que bem entende. Disciplina, para Foucault, significa uma série de práticas de controle dos corpos no tempo e no espaço. Práticas e regras que dizem às pessoas como, onde e quando se comportar.

Se a definição de bom cidadão é ser disciplinado, então o mau cidadão, o criminoso, nada mais seria que um indisciplinado. Faltou-lhe mãe, corretivos, escola, disciplina, dizemos ainda hoje. A prisão como local de punição surgiu a partir da ideia de que a resposta social ao indisciplinado seria a "redisciplinarização". Acabei de inventar uma palavra, mas acredito que não há outro modo de ser tão direto quanto a este conceito! Prisões eram casas de disciplina que dariam ao apenado o mesmo que a sociedade lhe dá diuturnamente, mas em doses elevadas, posto que as doses homeopáticas de disciplina quotidiana infligidas pela sociedade obviamente foram identificadas insuficientes para esse indivíduo.

Vejam que nessa história não há alguém, não existe um sujeito que chega a determinado momento, tendo alcançado um cargo prestigioso, para proclamar: "A partir de amanhã, a nova forma de punir será em presídios e todos deverão ser disciplinados." Não há um sujeito que determina essa possibilidade para o exercício do poder. Ela é um conjunto de saberes produzidos e reproduzidos o tempo todo por todos e por ninguém em especial. É possível ver, em momentos específicos, que há um dominante e um dominado que se relacionam conforme este saber estruturante. Como no exemplo da sala de aula que vimos há pouco, onde a "alunidade" de cada um é o saber que me permite, nesse dado momento e no limite do que é aceitável por parte de um professor, dominar um cenário.

Para que ninguém saia por aí dizendo que Foucault é um autor difícil, apresentamos uma história que será útil no sentido de ajudar a compreender melhor estes pontos aqui levantados.

A história é triste, já adianto. Estudei a vida toda em escolas religiosas ou militares. Acredite, caro leitor, se há alguém que sabe alguma coisa de disciplina, esta pessoa sou eu. Estava na primeira série em um colégio católico quando, certo dia, reclamei com meu pai de dores no joelho. Fomos imediatamente ao médico. Examina daqui, examina dali... Finalmente um diagnóstico e a receita: seu filho deve usar tênis confortáveis para diminuir o impacto dos movimentos sobre o joelho. Meu pai, muito diligente, comprou o melhor que havia disponível na época, um tênis azul marinho – a cor era uma exigência do colégio – com três listras brancas.

No dia seguinte, com aula de educação física na agenda, fui de uniforme e tênis novo para o colégio. Camisa branca com o brasão da escola, *short* azul marinho, meias brancas e tênis. Eu ia para o colégio de transporte escolar. Era um ônibus, cujo motorista basicamente me soltava na frente da escola e partia o mais rápido possível para livrar-se de outras crianças. Quando eu me aproximei do portão, já senti que algo não daria certo naquele dia. O segurança me olhava fixamente e logo se colocou austero na minha frente.

– Você não pode entrar, disse com voz firme.

– Por que não, senhor?, perguntei já meio choroso.

– Você não está de uniforme!, ele retrucou.

Olhei para mim mesmo, dando uma geral de cima a baixo. Camisa branca, comprada na lojinha do colégio, short também oficial, meias brancas e limpas, tênis azul marinho. Tudo no seu devido lugar. Talvez fosse por causa da lancheira do Batman, mas nunca fui impedido de entrar por causa dela, além do mais não havia uma lancheira oficial da escola.

– Mas eu estou de uniforme!, arrisquei.

– Não está não senhor – disse o vigilante – Veja o seu tênis. Ele não é todo azul marinho.

Realmente estavam lá as três listras brancas. A marca registrada do fabricante. Sem saída, fiz a única coisa que estava ao meu alcance: abri um berreiro. Nisso, o pai de outro aluno tomou minhas dores. Acho que foi o primeiro advogado que tive na vida. Ele argumentou com o guarda, mas foi em vão. Incrédulo com o corrido, viu que não conseguia ajudar. Fiquei ali sem ter para onde ir. Estaria condenado a ficar do lado de fora aguardando o ônibus que me resgataria no fim do dia. Naquela época, não havia telefone celular, usávamos o orelhão mesmo, mas eu não tinha nem ficha e nem altura para alcançar um aparelho e, finalmente, apelar para o socorro paterno. Meu advogado achou que aquilo era um exagero do segurança. Só poderia ser uma interpretação exagerada. Pediu para chamar a madre superiora, a toda poderosa do colégio.

Irmã Doroteia era a própria imagem do amor cristão. O medieval, no caso. Tinha o ar gracioso de um inquisidor dominicano com dor de dente. Ela nunca sorria. A cara carrancuda só era amenizada por um leve tique nervoso no olho esquerdo que a fazia parecer uma psicopata de filme ruim. Quando falava – outra peculiaridade – não separava os dentes. Impressionante.

Os lábios se movimentavam, mas a arcada permanecia dura, cerrada, inflexível. Um verdadeiro milagre fonoaudiológico! A irmã chegou ao portão com seus passinhos curtos e cadenciados. Interpelou o pai com o carinho e humanidade que lhe eram peculiares.

– O que foi, senhor?

O homem resumiu o imbróglio. Intercedeu a meu favor, certo de que contaria com a caridade cristã. Lembrou que eu não teria para onde ir se não me deixassem entrar.

Irmã Doroteia respirou fundo. Fechou os olhos por um instante. Achei que ela fosse bater naquele sujeito. Mas, ao final só disse, pausada e rispidamente:

– Pai... Ele não está de uniforme.

– Mas o tênis dele é azul marinho, exceto pelas três listras. São apenas três listras!

– Pai... Se podem três listras, por que não quatro listras? Se puderem quatro listras brancas, por que não um tênis todo branco? Se puder um tênis todo branco por que não um cabelo roxo? Se puder um cabelo roxo, por que não toda e qualquer baderna?

Para encurtar a história: naquele dia não entrei na escola. A fé e a disciplina de Irmã Doroteia eram inabaláveis. Aquele pai me levou para casa. Perdemos a luta contra o sistema. O interessante aqui é o discurso de Irmã Doroteia. De acordo com o argumento dela, as três listras brancas do meu tênis eram uma ameaça à ordem universal. Essa é a essência da ideia de disciplina, a de que o mundo social só é uma ordem e só permanecerá assim se nos esforçarmos para tanto. Qualquer desrespeito à ordem imposta, por menor que seja, é uma ameaça ao todo.

AS RELAÇÕES DE PODER

Veja, este é um saber. Modo compartilhado com os demais membros de um grupo social de representar as pessoas, a vida, o real, o todo. Que organiza não somente o domínio do carcereiro sobre o presidiário, mas também o da freira sobre o aluno, o do patrão sobre o empregado e assim por diante. Em nome da disciplina, tudo pode. Contra ela, nada é lícito, nada faz sentido.

É a história do sistema de pensamento disciplinar, com suas consequências nas relações de poder, que Foucault nos apresenta em *Vigiar e punir*. Isso não significa que hoje todo poder só seja exercido na forma de disciplina. Longe disso. Nós, brasileiros do século XXI, não somos e nem nunca fomos uma sociedade disciplinar. Estamos mais para o desfile de carnaval do que para o militar. A grande lição de Foucault sobre o poder não é esse retrato de época de uma forma de exercício de poder, mas o seu método. Mais uma vez: a sua genealogia do poder.

Foucault nos ensinou a olhar para outro lado quando se trata de compreender as relações de poder, a não prestar tanta atenção nos símbolos, rituais, liturgias, personalidades, mas no que se faz e nas desculpas para fazer o que se faz quando se domina. Ele nos indicou como observar e tentar compreender a forma como pensam não os líderes, mas os liderados. É na obediência submissa do liderado que o poder se sustenta. Mas, então, se o poder é uma relação que tem como condição determinados saberes e depende das formas do dominante e do dominado entenderem e representarem seus papéis em relação a ele, as estratégias para conquista e manutenção do poder não se resumem apenas às regras de como subjugar a outros. A arte da guerra não é apenas a lição fundamental de como exercer poder sobre os outros. Ela pode nos ajudar a vencer os inimigos, a disputar as posições de prestígio. Mas Foucault nos mostrou que as posições de prestígio não são o único troféu a ser disputado. Há outra batalha nas lutas por poder. Mais sutil que a disputa por cargos e privilégios. Ele fala da luta pelos saberes. Pela consagração das condições de possibilidade de dominação.

Nesta guerra, todos lutamos. Como eu disse, não por cargos, posições ou benefícios, mas pela difusão, manutenção ou alteração de determinados saberes. Espinosa dizia que dominar é fazê-lo crer que o mundo que alegra você o alegrará também. Dito de outra maneira, o poder se exerce difundindo a ideia de que um determinado modo de vida, que é bom porque nos alegra, deveria ser o modo de vida de todos. Ou afirmando que o modo de vida que nos alegra é o melhor para todos.

Imagine o amigo que, empolgado, chega oferecendo um pedaço de coxinha de galinha. Para ele, quitute saborosíssimo. Para você, nem tanto. Sua preferência está mais para umas folhas de rúcula com tomate seco num pão integral. Você, educadamente, recusa. Ele insiste. Diante da negativa, ele chega a coxinha junto da sua boca e, impositivo, diz: "Prova aí. Está uma delícia. Você vai gostar!" Por que a insistência? Por que sempre tentamos compartilhar com quem gostamos as coisas que nos alegram? Por puro espírito de dominação. Disfarçada de apreço, a difusão do gosto é uma das mais sutis e eficazes formas de dominação sobre os outros.

Todos nós a praticamos e de forma tão natural quanto rir ou chorar. Não somos canalhas por fazê-lo porque esta atitude ou ação não é feita com a consciência da dominação. Geralmente o fazemos alheios ao quanto isso tem a ver com atos de dominação. Parece-nos mais atenção, amor, próprio ou pelo outro, do que a tentativa canalha de submissão de entes queridos.

UM EXEMPLO FEMININO

Duas mulheres conversam. Uma amiga compra um vestido caríssimo. Experimenta e pede a opinião da outra: "O que achou? Lindo, não é?" Isso não é exatamente uma pergunta. Aquela que assiste a tudo vê a empolgação da amiga. Sabe que ela quer apenas aprovação. Reforço da própria felicidade. No fundo, achou o vestido horrível, um lixo. Mas ela fala a verdade para a dona do vestido? Dificilmente. Nessa hora, vê a felicidade da amiga e mente: "Está lindo!" Mas a moça percebe que algo está errado e insiste: "Gostou mesmo?" Aquela que tudo assiste já foi longe demais. Não há como recuar. Esforça-se no cinismo e com exagerada empolgação tenta convencer a amiga da sua sinceridade: "A-do-rei! É maravilhoso! Nunca vi um vestido tão bonito!". Convencida, a outra quer retribuir o carinho: "Então leva emprestado para você ir naquela festa!" Hora de pensar numa fuga estratégica!

Coloque-se no lugar da mulher que mente. Por que isso acontece? Você ama a amiga. Tem por ela o amor *philia*, amor na presença. Seus afetos oscilam junto com o dela, de maneira que a alegria da amiga a alegra e a tristeza a entristece. Você mente por amor. Para alegrá-la e também alegrar-se. Você sabe que quando compartilha seu gosto com a amiga, ela se alegra. Também sabe o quanto você detesta os atributos de brega, de esquisita, de pessoa de mau gosto. Ter bom gosto é gostar do que todo mundo gosta. É alinhar-se com o padrão estético dominante. Mas é também uma forma de estarmos rendidos ao saber que dita o certo e o errado na hora de escolher o que vestir. E no caso da história apresentada, uma amiga se submeteu, feliz, à moda e ao gosto da dona do vestido. Tudo por amor a si mesma e/ou pela amiga.

Desta forma, exercitamos a dominação, alienados de suas consequências, mas plenamente consciente das regras do jogo. Assim, definida a moda, haverá os de bom e os de péssimo gosto, os *in* e os *out*, os dominantes e os dominados. Acrescente-se aqui o fato de que quando um objeto ou prática é consagrado como diferenciadora estética do dominante e dominado, o acesso a ela passa a ser objeto de disputa e de restrições. Tanto o objeto quanto a prática deixam de ser franqueados a qualquer um. Podemos continuar com o exemplo da moda: consagrado um estilo, roupas e acessórios que nele se encaixam tornam-se caros e, portanto, privilégio para poucos. Considerados como luxo, começam a ser alvo de falsificação para alcançar maior público e acabam alcançando as camadas mais populares. É quando o chique migra para o brega e acaba cedendo lugar a uma nova moda, a um novo luxo.

Nós, na maioria das vezes, como já mencionei, participamos destas relações de poder alienados de seus reflexos, mas conscientes das regras do jogo. Por outro lado, há aqueles que, conscientemente, tentam dominar a todos pela imposição universal de seus valores e modo de vida. Valorar os saberes e práticas como certo e errado, bom e mau gosto e desqualificar os saberes e opiniões contrárias são as principais estratégias do jogo de imposição e de domínio.

IMPOSIÇÃO E DOMÍNIO: UM JOGO

Uma vez fui convidado para uma prova de vinhos. Era o encontro de um grupo de enófilos. Não gosto de vinho, mas havia também um jantar, com comida farta e gratuita e disso eu gosto. Fui colocado diante de três garrafas de vinho. Rótulos cobertos. Taças escuras. "Prova às cegas!", definiu um *sommelier* mais empolgado. Deram-me uma taça. Não pude enchê-la. Fui interrompido. Taça errada. O vinho que eu servira era da região de "sei-lá-onde", tinha que ser degustado em taça bojuda. Costumo beber vinho em copo de requeijão reaproveitado, imagina! Mas tudo bem, havia o jantar e obedecer aos rituais parecia o preço a ser pago pelo saboroso programa. Troquei a taça. Enchi. Nova interrupção. Antes, deveria sentir o *bouquet* do vinho, pois a ideia da prova era ser uma experiência multissensorial. Enfiei o nariz na taça. À minha volta, as pessoas narravam aromas. "Baunilha, carvalho. Sim, tons de carvalho. Acentuados. Percebe?" Não, eu não percebia. Para mim, havia somente o aroma de vinho. Ousei externar essa impressão e fui censurado com o olhar de quem estava por perto. Recomendaram que eu apurasse o olfato. Doutor que sou, virei analfabeto. Estava num grupo estranho. Ali eu não tinha poder. Não dominava o saber que todos cultuavam e com base no qual alguns eram admirados, ditos conhecedores de vinho, grandes enólogos. Outros, como eu, eram absolutamente desprezados como amantes reles de refrigerante.

O campo de batalha destas relações de poder é o conjunto de pessoas que vive em torno de práticas e relações compartilhadas, cujos sentidos e valores específicos são conhecidos e comungados por todos que pertençam ao grupo. Este era o caso dos enófilos.

No caso do universo fashion – peço permissão para voltar a este segmento –, é comum falar em "mundo da moda" para nos referirmos àquelas pessoas que vivem em torno do mercado ou do consumo de itens específicos. Parece haver um jargão próprio ao qual só os iniciados e credenciados no tal mundo compreendem. Falam em tendências, conceitos, em tons que "vão com tudo". Curtem um novo corte ou tecido. Enquanto isso, os que não são desse universo particular, quando eventualmente esbarram com um evento de moda, ficam entre a indiferença e a incompreensão. Em um paralelo, é possível constatar que a exemplo do que acontece com a moda, há também o mundo do direito, da medicina, do mercado financeiro, etc. Pierre Bourdieu, sociólogo contemporâneo, deu nome a estes mundos, chamando-os de campo social.

É um terreno fértil para a batalha que envolve disputas simbólicas de poder. Todo campo social é hierarquizado, ou seja, há nele as figuras do dominante e do dominado, dos que têm e dos que não têm poder. E, neste caso, ter poder é possuir conhecimentos, objetos e posições que são almejadas e valorizadas por todos do campo. Para o estilista, um desfile exclusivo em um grande evento em Paris é o reflexo deste poder. Para o professor é ter sua obra traduzida em vários idiomas e ser homenageado em congressos internacionais. Em cada campo, há os troféus de consagração que indicam os que têm e os que não têm a admiração do grupo, os que são só inveja e os que exercem poder sobre os outros.

O que se vê é uma luta por consagração, mas conduzida individualmente. Guerra de todos contra todos, como dizia Hobbes. Há os que têm pretensões de ser consagrados no campo e acham que podem chegar lá. O topo lhes parece alcançável.

Lutam segundo as regras do jogo. Correm atrás dos objetos de consagração. São os estabelecidos. Os aprendizes dos dominantes. Futuros substitutos dos atuais poderosos. De outra parte, há também os que jogam o jogo dos dominantes, mas não são os escolhidos para substituir os poderosos. Lutam contra as regras do jogo. Querem alterá-las. São os *outsiders*. Todos são jogadores individuais e, por isso, ninguém é controlador do resultado dos jogos simbólicos. Isto é, ninguém em particular é o artífice das formas simbólicas de dominação em um campo social qualquer, o que não o afasta da função que cada um pode assumir como um agente da mudança.

Os saberes que organizam as formas de dominação são, no final das contas, o resultado de incontáveis ações e discursos de indivíduos estabelecidos e/ou de *outsiders* que integram um determinado campo social. Todos simultaneamente são agentes e vítimas das circunstâncias. Quem pode dizer que, sozinho, é responsável pela tendência da moda? Todos querem sê-lo, mas o fato é que uma tendência depende de criações que outros, cujo gosto não se controla, achem bonito. Depende de variantes diversas, do *hit* do momento, passando pelas gírias, referências históricas, sociais, econômicas, etc. Quem controla isso? Ao mesmo tempo, quem não é de alguma forma afetado por isso, seja na insistência do assunto na mídia, seja no bate-papo com o amigo?

PODER NÃO É FORÇA

Pensar o poder a partir dos saberes que o tornam possível significa representá-lo não como uma violência, não como uma exceção às relações humanas, mas como uma normalidade, uma regularidade. A excepcionalidade nas relações é a violência, a força bruta que submete alguém. Poder não é força. Em suma, é submissão de uns a outros que, por sua vez, só podem subjugar na medida em que a submissão é compreendida.

Para entender melhor os argumentos, veja por exemplo, o seguinte: dizem que São Paulo e Rio de Janeiro são cidades violentas. Selva de pedra perigosa, vulnerável à ação de feras fora de controle. Não o tigre ou o javali doido, mas o assaltante, o sequestrador, o assassino. Você vive na selva, mas nem todo dia é assaltado. Não é sempre que lhe rendem e dominam com a força física. Se essa dominação for algo recorrente, então meu amigo, você é, no mínimo, muito azarado. Para os que não são amaldiçoados com urucubacas deste gênero, essa dominação é excepcional, ainda que o receio que ela desperte seja constante.

Em contrapartida, regular e ordinariamente, você respeita regras de trânsito. Ao entrar no elevador, dá preferência aos que chegaram na frente e aos idosos, para quem você segura a porta. Você paga pelo café tomado e diz obrigado, mesmo não se sentindo, realmente, obrigado a nada com relação a quem lhe serviu. Enfim, obedece não somente a uma ou outra, mas a diversas normas de comportamento. Regras cuja obediência não é acatada pelo constrangimento e pela força bruta constante que ameaça. O cumprimento se dá pela sua própria vontade. Você diz: "sou uma pessoa gentil e educada!". Eis que no seu modo de ser, na gentileza e na educação reside a alma da dominação, não a da força excepcional, mas a do poder. Sutil e doce, a moldar corpos dóceis e submissos uns aos outros neste balé de encontros e desencontros a que chamamos vida.

O assunto é vasto e para seguir nele recomendo a leitura de Foucault, com *Vigiar e punir*, e também de Pierre Bourdieu, em *Questões de sociologia*.

"Justiça: mais vale deixar-se roubar do que usar espantalhos; tal é o meu gosto. E é sempre questão de gosto, nada mais além de questão de gosto."

Friedrich Nietzsche

A JUSTIÇA E A LEI
Do sentimento à ideia

Um acontecimento de infância talvez tenha sido a minha primeira experiência consciente da ideia de justiça. Ou mais precisamente de seu contrário, a injustiça. Parece, entretanto, que é por oposições e contrários que entendemos as coisas, afinal, é pela compreensão do branco que também entendemos o preto, pela percepção do belo que distinguimos o feio e assim por diante.

É uma história pessoal, eu sei, mas com a qual acredito que muitos se identificarão de alguma forma. Eu estudava em colégio religioso. Aluno do semi-internato. Disciplina rígida, afeto institucional quase nulo e trilha sonora de canções chorosas e temas bíblicos. Diziam que Deus tudo vê e tudo pune. Eu acreditava com a fé que as crianças normalmente depositam no que adultos falam. Comportava-me com receio de que Deus, sempre vigilante, punisse a mim ou aos meus pais pelos meus pecados – Sim, diziam que os pais pagavam pelos pecados dos filhos e vice-versa. Resumindo, eu era enquadradíssimo.

Havia uma professora – naquele tempo, tia – particularmente muito rígida. Não admitia qualquer conversa ou distração em aula. Certa vez, mandou para a diretoria um aluno que consultou o próprio relógio de pulso durante a aula. Achou um desrespeito imperdoável. Num dia de prova, o lápis de quem sentava à minha frente caiu. Ele virou-se para trás, olhou para mim e ameaçou abrir a boca. Ficou na ameaça porque o gesto foi flagrado pela querida tia, caridosa como um inquisitor espanhol. Nem quis saber o que havia acontecido. Fomos os dois expulsos de sala e encaminhados para a diretoria. Acusados de cola. Suprema vergonha!

Frente à diretora que, justiça seja feita, era bem mais flexível que nossa tia carrasca, fomos interrogados sobre a cola. Parecia que nada do que dizíamos era, de fato, ouvido. "Então a professora mandou vocês para cá sem motivo, não é? Por quê? Porque é louca?", disse com ironia a diretora. "Não, louca não" – menti –, "foi só um engano". Não adiantou. Fomos os dois advertidos, nossas provas anuladas e o boletim manchado com a nota baixa. O pior veio depois, explicar em casa. Mesmas perguntas, mesmos argumentos. Ninguém acreditava em nada do que dizia. Senti raiva. Não sabia o que era justiça, mas sabia que aquilo pelo que eu passava era uma injustiça. Injustiça que não se define, que é apenas sentida.

Muitos aqui podem ter vivido até hoje sem nunca terem se perguntado o que é a justiça, mas dificilmente conseguiram chegar até aqui sem ponderar sobre o justo e o injusto. Por mais feliz que seja sua vida, em alguns momentos esse sentimento de que as coisas estavam fora do lugar, de que os acontecimentos pareciam conspirar sem motivo para a sua tristeza, os tomou de assalto. Certamente chamaram isso de injustiça.

Eis a mais comum das experiências primeiras com a justiça. Torta, enviezada, surgida pela via oposta da injustiça e recebida como um sentimento e não uma ideia ou conceito. Sentimos algo ruim a que chamamos injustiça e por isso desejamos seu oposto, a justiça. Pensamos nela como quem se pergunta como cessar uma dor ou uma frustração específica – Como o acontecido que me entristeceu poderia "desacontecer"? – Em suma, pensamos a justiça como algo que não temos, mas queremos. Estado desejável de acontecimentos e de espírito. Desejo provocado pelo oposto do objeto desejável.

Mas se tudo o que chamamos de justiça for ideia contrafeita à de uma injustiça sentida, temos um sério problema: a dependência das sensações para pensar a justiça. Imaginem um acontecimento como o que eu narrei há pouco. Ele seria injusto por ser essencialmente injusto, injusto nele mesmo, ou por apenas o sentirmos como injusto? Seja qual for a resposta, ela é problemática.

Se algo for injusto em essência, teríamos pela frente a difícil tarefa de apontar num conceito tal essência do injusto. Uma ideia abstrata que uma vez bem compreendida nos permitisse apontar com precisão caso a caso, acontecimento a acontecimento, o que é e o que não é injusto. Este grau de precisão nos julgamentos é o sonho de todo jurista, que permanece como um sonho justamente por não ter sido alcançado até hoje. Em respeito a este insistente esforço ao longo da história, podemos concluir, prematuramente, que nunca será alcançado. Na prática, uma justiça em essência funciona como os sonhos, que existem na medida em que se acredita neles. O problema é que cada crente a vê de um modo diferente, mas a defende como se fosse uma realidade tão concreta quanto as paredes desta sala.

Mas nossa segunda hipótese não é menos problemática. Nem todo evento nos afeta a todos da mesma maneira. Um mesmo acontecimento pode ser alegrador para uns e entristecidos para outros. Os entristecidos dirão que estão diante de uma injustiça e que o justo seria corrigir ou reparar os fatos e os sentimentos ruins surgidos em consequência deles. Já os que se alegraram com os fatos tendem a dizer que está tudo bem, que não há nenhuma injustiça e que qualquer pretensão de mudar os efeitos do que se passou é que seria injusta.

As duas hipóteses acabam caindo no mesmo problema, a falta de objetividade e a possibilidade de que alguém tome por universal uma ideia de justiça que é apenas particular, íntima até. A justiça não poderia ser apenas um sentimento oposto ao da injustiça e tampouco uma ideia que não fosse reconhecida por todos como válida. Eis o desafio que uma filosofia da justiça propõe: eliminar as incertezas sobre o justo e o injusto, afastando a justiça dos sentimentos e das ideias particulares, ambos efeitos do modo singular de ser afetado por um evento qualquer. Trata-se de substituir as emoções privadas por uma razão pública sobre o justo e o injusto.

JUSTIÇA É AGIR CONFORME A LEI JUSTA

Tudo o que é justo é também belo e bom. Esta sentença é lugar comum entre os antigos gregos. Platão, por exemplo, a cita como argumento na última parte do *Banquete*, quando Sócrates, para contrapor-se aos discursos até então proferidos sobre *Eros* – o amor –, afirma que a deusa não é bela e, por isso, também não pode ser boa e nem justa. Ela é o argumento fundamental a partir do qual Sócrates enfrenta Polo Cálicles e Górgias no diálogo que tem o nome deste último. Aparece também em outro de seus diálogos, no final do primeiro Alcibíades. Sempre dita como uma obviedade incontestável.

À primeira vista, esta associação de justiça com beleza e bondade para nós, que não somos gregos antigos, não tem nada de óbvia. É, ao contrário, muito estranha. Imagine o quanto é absurdo considerar que alguém seja bom e justo só por ser bonitinho. Ou o contrário, que alguém seja indigno de confiança ou necessariamente mau só porque é feioso.

Se realmente acreditássemos nisso como uma obviedade, ninguém acharia estranha a ideia de nomear Luana Piovani ministra do Supremo Tribunal Federal. Seus dotes físicos seriam, por si sós, garantia de reputação ilibada e notório saber jurídico, pelo menos o saber de algo que deveria estar acima do direito, a justiça. Por outro lado, coitado do bom Zé Ramalho. Ninguém jamais compraria um carro usado dele...

Mas consideremos, de início, que há muitas lições interessantes no pensamento antigo e que, geralmente, elas não são abiloladas. Assim sendo, a compreensão do sentido deste argumento platônico e lugar-comum da antiguidade nos permitirá compreender melhor as formas como nós, modernos ou pós-modernos, julgamos e reconhecemos justiças e injustiças. Prometo!

Para entender essa associação que denuncia o pensamento platônico, vamos partir de outro lugar-comum antigo: a crença de que o mundo é um cosmos ou uma ordem. Na *Teogonia* de Hesíodo, por exemplo, a criação do mundo é descrita como a construção de um cosmos a partir do caos.

Nela, o caos aparece como um momento primeiro da criação em que tudo o que hoje existe de forma ordenada já tem existência, porém de maneira desordenada, misturada, indistinta. Num segundo momento, pela força de um ser mágico qualquer, um demiurgo – ser da criação, artífice ou arquiteto criador do mundo material –, do caos, faz-se o cosmos.

Um exemplo para compreender melhor. Imagine uma criança brincando com uma caixa de massas de modelar, dessas que encontramos em qualquer papelaria. Ela vem em bastões, cada um de uma cor. Brincando, a criança acaba misturando as cores e, depois de um tempo, junta todos os pedaços de massa criando um único bolo cinzento. Este bolo cinza é o caos grego. Imagine agora que por uma mágica ou ciência qualquer alguém consiga, do bolo de massa cinza, extrair a massa vermelha, a amarela, a azul e assim por diante. Eis o cosmos. Todas as cores distintas novamente.

Esta história é o oposto do que aparece no livro do Gênesis, onde "no princípio era o verbo e o verbo era Deus" – imagine essa frase na voz de Cid Moreira, que fica muito mais imponente. Sendo lógico, do nada se faz, exatamente, nada. A criação tem que ter um ponto de partida, algo do qual se faça outra coisa, daí o caos como uma existência material anterior, o momento do pré-ordenado.

Platão, no diálogo *Timeu*, também descreve um mundo como ordem, no caso, uma rigorosa ordem matemática. Só para se ter ideia do quanto o conceito de cosmos é fundamental em Platão, o conhecimento matemático – linguagem que permitiria a compreensão da ordem – é que compunha a sua filosofia profunda, aquela que ele nunca escreveu e que apresentava apenas a seus poucos e especiais alunos. Platão era um grande elitista. Acreditava que nem todos nasceram para a filosofia. Para a multidão, escreveu os seus diálogos. Estilo popular de divulgação de suas ideias. Já para os verdadeiramente vocacionados e capazes, segundo seu juízo, seus ensinamentos profundos eram transmitidos apenas oralmente. Eram poucos e havia ainda o risco de, uma vez escritos, serem mal apropriados pelas mentes inferiores do populacho. Destas lições temos conhecimento apenas pelos seus alunos, nos poucos textos que chegaram até nós.

O LUGAR DO HOMEM

Mas voltemos ao nosso problema. Em sendo o mundo um cosmos, qual seria o lugar do homem? Fazer parte do cosmos significa ter uma vida enquadrada na ordem do mundo. É ter um destino, um "nascer para alguma coisa", uma trajetória de vida cujas realizações, encontros e desencontros nada mais seriam do que a realização deste cosmos e não o resultado de nossas escolhas ou de alguma outra forma de vida livre.

Já ouviram a expressão "nascer para alguma coisa"? Como no caso daqueles que, desde muito novos demonstram algum talento ou quando temos facilidade e gosto por alguma coisa, como eu os tenho, por exemplo, para o ócio. Não faço nada com uma facilidade e alegria impressionantes. Daí a filosofia em minha vida, efeito do ócio.

Há um dilema nisso: ou somos parte do cosmos e, consequentemente, não seríamos livres, ou então não somos parte do cosmos e seríamos realmente livres e senhores de nosso próprio destino, mas por quê? Se optamos por acreditar no cosmos, o problema é explicar nossa liberdade, se optarmos por nos considerarmos exceção ao cosmos, o problema passa a ser justificarmos essa exceção.

Voltando ao exemplo do meu ócio, sou assim porque sou preguiçoso por natureza e, portanto, nada se pode fazer a respeito, ou, apesar de tudo na natureza parecer tão ordenadinho, os únicos que estão fora desse constrangimento natural somos nós – humanos – e que portanto a minha preguiça seria apenas um vício vencível do meu comportamento – aquilo que também chamamos de falta de vergonha na cara.

Vejamos esse dilema no discurso de Sófocles, tragediógrafo grego que escreveu, dentre outras peças teatrais, a chamada trilogia tebana. História de Édipo e de seus filhos contada em três peças: *Édipo Rei, Édipo em Colona* e *Antígona*. Há um enredo comum em todas estas peças. Inicialmente há um destino infeliz anunciado aos personagens que, no entanto, tentam lhe escapar em vão.

Em *Édipo Rei*, por exemplo, ao nascimento de seu primogênito, Édipo, o Rei Laio pede a seu cunhado, Creonte, que consulte o oráculo de Apolo – deus do conhecimento, dentre outros atributos – para saber do destino do rebento. A notícia que Creonte lhe traz é arrasadora: "aquele menino matará o pai!". Destino ingrato do qual Creonte e sua esposa, Jocasta, tentam se livrar eliminando aquela criança. Pedem a um guarda que o faça. Este, em vez de matá-la, entrega a criança para ser adotada em outra cidade.

Édipo cresce sem saber que é adotado e, um dia, desconfiando de sua paternidade, consulta o mesmo oráculo de Apolo antes visitado por seu tio. Do deus, outro anúncio infeliz: "Matará seu pai!". Édipo ama o pai e quer evitar o vaticínio divino. Resolve fugir, justamente para Tebas, que não sabe ser sua verdadeira cidade natal. No caminho encontra Laio, que não sabe tratar-se de seu pai verdadeiro. Discutem e Édipo realiza seu destino: mata o pai. Coisa de novela e tragédia grega.

Tanto Édipo quanto Laio tentam fugir em vão do destino. A mensagem de Sófocles nesta peça é bastante clara aos seus contemporâneos: vós todos sois parte de um cosmos e que, portanto, a ideia de que sois livres para determinarem sua própria existência não passa de mera ilusão. Renegam em vão seu destino e nem percebem que ao fazê-lo, na verdade o cumprem. Para Sófocles, somos parte do cosmos e toda e qualquer tentativa de fugir ao destino é apenas uma patética ilusão.

Notem que no discurso de Sófocles há duas perspectivas, duas regras a pautar dois mundos. No mundo dos deuses e oráculos, há a ordem já predefinida e imutável. Mas no mundo dos teimosos humanos há as deliberações que fazem com que, ao menos de forma ilusória, a história seja protagonizada não pelos deuses, mas pelos homens. Uma dimensão da ordem sem liberdade e outra da liberdade caótica, ainda que aparente.

COM A AJUDA DE PLATÃO

Estas duas dimensões, Platão transpõe para sua obra política *A República*. É nela que consta uma de suas mais célebres passagens. Figura carimbada em aulas de introdução à filosofia. A alegoria da caverna. Diálogo entre Sócrates e Glaucon. Sócrates quer demonstrar que a cidade será muito melhor para todos se as leis forem boas e justas, mas para isso elas deverão ser feitas pelos homens que são bons e justos. Só que a maioria das pessoas não é assim. Para ser bom e justo é preciso saber como as coisas são. Tal homem seria o filósofo. Sócrates explicará a

Glaucon o que é um filósofo e, principalmente, demonstrará que o seu saber é superior ao da maioria das pessoas.

Ele pede a Glaucon que imagine um grupo de pessoas presas no interior de uma caverna desde o seu nascimento, de maneira que elas sequer têm consciência de sua condição de prisioneiros. Que nem ao menos sabem que há todo um mundo do lado de fora. A luz do sol penetra na caverna projetando no seu fundo a imagem das coisas que passam à sua entrada. Aqueles homens verão as sombras das coisas projetadas e, sem saber que elas são sombras e que existem coisas reais do lado de fora, julgarão que aquelas sombras sejam coisas que realmente existem e lhes darão nomes.

Platão está descrevendo um saber construído a partir de um sentido, no caso, a visão. Saber sensível que se mostrará, ao final, um engano. A sensibilidade nos faz crer que as coisas que vemos e sentimos realmente existam, mas isto é uma ilusão. Elas são apenas sombras das coisas realmente existentes. O dar nome às coisas percebidas é apenas um nominalismo. Nada mais do que um jogo de apelidar e não propriamente um conhecimento verdadeiro. Para saber como as coisas realmente são, será preciso deixar a caverna. Abandonar o mundo sensível.

De repente, um destes homens – sabe-se lá o porquê – se vê livre das correntes. Ele se volta para a entrada da caverna, mas não vê nada, pois seus olhos, que nunca viram luz tão intensa, doem. A dor sentida o fará amaldiçoar aquele mundo. Mas ele será forçado a sair da caverna e a encará-la. Com o tempo, seus olhos acostumar-se-ão com a luz e, de forma cada vez mais nítida, verá as coisas reais. Este homem liberto é o filósofo. Ele agora vê as coisas como realmente são, em sua concretude essencial.

São também dois mundos. O interior e o exterior da caverna. O interior é o mundo de sombras e do conhecimento sensível. A justiça que aqui fazem os homens é, como o resto de seu conhecimento, apenas o efeito do que a sua sensibilidade lhe permite conhecer. Justiça sensível e ruim porque se baseia não na verdade das coisas, mas apenas em conveções vazias como as sombras. Justiça caótica como os sentimentos e convenções, que mudam de tempos em tempos e de lugar para lugar.

Já o mundo exterior, ao contrário, é a reluzente dimensão das coisas verdadeiras. Coisas que existem de forma ideal, perfeita e imutável. Outras três ideias que são apresentadas tautologicamente. Ao mundo exterior, Platão chama de ideal ou mundo das ideias. Não entenda ideia aqui como sinônimo de coisa pensada, mas de ideal. É lá, portanto, que estariam as coisas em seu estado ideal. Para sê-lo, é necessário que seja, também, perfeito. Ser ideal é não poder ser melhor. As coisas perfeitas, por sua vez, têm como condição a imutabilidade, pois qualquer mudança seria para um estado melhor ou pior de si mesma. Melhorar não lhe é possível, pois já é perfeita. Se piora de alguma forma, também já não pode ser chamada de perfeita, pois não seria tão perfeita assim uma coisa que perecesse. Em resumo, o ideal é necessariamente perfeito e imutável. Isso não é bem um argumento, é apenas a afirmação de uma fé platônica no ideal, na metafísica e na existência de uma perfeição.

Se existe um lugar diferente desse reino da sensibilidade que é o mundo físico – interior da caverna na metáfora platônica –, lugar das coisas perfeitas, há de existir nesse lugar, também, uma justiça perfeita. Diferente da justiça produzida pela sensibilidade dos homens. Uma justiça bela e boa, porque perfeita. Justiça natural, mas não da natureza física, como desta natureza são os pássaros, as árvores e as cólicas intestinais. Justiça da natureza metafísica do mundo das coisas ideais.

Esta dupla ideia de justiça, uma artificial, produzida pelos homens, e outra natural, que pelos homens é apenas descoberta, aparecem em duas referências interessantes. Em Sófocles, encerra a sua trilogia tebana a história de Antígona. Uma das filhas de Édipo que, herdando o destino desgraçado do pai, se vê diante de uma difícil escolha. Seus irmãos Polínices e Etéocles morrem combatendo um ao outro pelo trono de Tebas – Sim, é uma família complicada! –. Mortos ambos, assume o lugar disputado seu tio Creonte que, ato primeiro de sua mejestade, decerta a proibição de se enterrar e fazer as honras fúnebres a seu sobrinho Polínices, que morrera atacando a cidade de Tebas.

As leis religiosas determinavam que cabiam aos parentes enterrar e fazer as honras fúnebres. Sem estes rituais, o espírito do morto vagaria sem lar e destino pelo mundo, como uma alma penada, sem que tivesse sua sede e fome saciadas por libações – libação é um apelido sofisticado para despacho de oferendas a santos.

Eis Atígona dividida. Por um lado, tem o dever religioso de enterrar seu irmão. Por outro, uma lei da cidade proíbe este mesmo ato. O que fazer? O que é mais justo? Ela decide, por amor e piedade, enterrar seu irmão. É flagrada em desrespeito à lei e levada até seu tio, o rei de Tebas. Legislador e juiz da lei violada.

Creonte lhe pergunta se não sabia do édito que proibia o enterro. Antígona sabia, diz que não desrespeitou a lei de Creonte por ignorância e nem o fez com vergonha, apesar de sua situação de ré. O fez com o orgulho de quem fazia algo justo, pois para ela, justiça é agir de acordo com a mais bela e melhor das justiças, a justiça divina. Justiça natural.

Já Creonte não pensa assim. Acha injusto que as leis da cidade se dobrem ao que ele classifica como um capricho de mulher. Essa piedade teimosa para com o irmão morto. Condena-a à morte. Se tanto queria enterrar os mortos, terá o mesmo destino, será enterrada viva. Um belo exemplo de justiça retributiva. É olho por olho, dente por dente, enterro por enterro.

A peça daí para frente é uma romaria de personagens que tentam alertar Creonte da injustiça que comete. Defendem, de modo diverso, a superioridade da lei natural, dos deuses, com relação à lei dos homens e que a justiça como ação de acordo com a lei dos homens é inferior à justiça como ação em concordância com as leis naturais.

Creonte, tinhoso como só, num primeiro momento não lhes dá ouvidos e manda executar sua sobrinha. Depois se arrepende, mas já é tarde. Ela está morta e sua vida desgraçada pela sua teimosia em achar que justiça se mede com os sentidos e não com a razão, que manda obedecer à lei natural.

Dois mundos, duas leis, duas justiças. O mesmo Platão que no *Timeu* descreve o mundo como um cosmos criado em obediência a rigorosas medidas matemáticas, também apresenta em *Górgias* o discurso de que existe uma justiça natural e outra dos homens, como o faz Sófocles. Por um lado, reafirmam o mundo cósmico, por outro, que o homem, de algum modo, escapa ao cosmos. Solução platônica para o conflito: há o cosmos, podemos nos afastar dele, mas não deveríamos fazê-lo. Um terceiro diálogo esclarece melhor a sua posição e, finalmente, nos permitirá colocar a justiça como uma consequência de um cosmos: o primeiro *Alcibíades*.

Neste diálogo, Sócrates dirige-se a Alcibíades, jovem belo e de futuro promissor, que está naquela fase da adolescência em que se abandona o mundo da infância e se prepara para adentrar ao mundo adulto. Quando nasce seu buço. Alcibíades, filho de família influente e tutelado por ninguém menos que Péricles, o grande político, é tido como predestinado a participar com destaque na vida política de Atenas. Será?

Sócrates duvida de que Alcibíades esteja realmente preparado. Por uma série de questionamentos, típicos de sua maiêutica, Sócrates faz Alcibíades perceber que, ao contrário do que pensava, não aprendeu nada que fosse relevante para bem governar Atenas. Nem a economia, nem as regras do bom combate, nem a arte da navegação ou o comércio, nada disso seria realmente útil para bem governar. Sócrates lhe opõe a ideia de que só é digno de governar a outros aqueles que antes são dignos e capazes de cuidarem e de governarem a si mesmos.

Isto se dá porque para Platão a boa cidade não é aquela que possui belos edifícios ou facilidades materiais de qualquer ordem, mas aquela que possui bons cidadãos; então o bom político seria aquele que contribui para melhorar os homens, o que os torna mais virtuosos. Para tanto, seria preciso, antes, tornar-se virtuoso, conhecendo e cuidando de si mesmo.

Ao final do diálogo, afastadas todas as incertezas e inverdades tomadas por noções verdadeiras de Alcibíades, Sócrates finalmente repete pela derradeira vez a pergunta: então, o que é preciso fazer para bem governar? Veja o trecho que consagra o diálogo:

Sócrates – Então o que as Cidades-Estado necessitam, Alcibíades, se quiserem ser felizes, não são muros, belonaves, ou arsenais... nem grande quantidade de indivíduos, nem grandeza física... sem virtude.

Alcibíades – Realmente não.

– E se tens a intenção de administrar correta e nobremente os negócios de Estado, é necessário que transmitas virtude aos cidadãos.

– É claro.

– Seria possível, porém, que alguém transmitisse alguma coisa que não possuísse?

– E como poderia fazê-lo?

– A conclusão é que tu ou qualquer outro indivíduo que pretenda governar e zelar não apenas por si mesmo e pelo que lhe pertence privadamente, mas governar e zelar pelo Estado e seus negócios, tem que começar por adquirir pessoalmente a virtude.

– O que dizes é verdadeiro.

– Portanto, o que necessitas obter para ti e para o Estado não é poder político, nem autoridade para agires a teu bel prazer. O que necessitas é justiça e autocontrole.

– É o que parece.

O mais interessante neste trecho do diálogo é que, até então, ele se desenvolve em torno da necessidade de ser virtuosos e ter autocontrole, e neste trecho final do diálogo, aparece, emparelhada com a virtude e o autocontrole, a justiça? O que ela faz aqui, o que significa neste diálogo?

A resposta é simples. O mundo é um cosmos, mas o homem, dotado de alguma liberdade para viver de formas diferentes, tem a possibilidade de viver em desarmonia com o cosmos. Nossa liberdade ante o cosmos, para Platão, não é uma virtude, mas um defeito. Deveríamos nos conhecer o suficiente para perceber nosso lugar cósmico e cuidar de ficar por lá, sem estripulias libertárias.

A esta vida em harmonia com o cosmos, realizando sua essência sem desvios de qualquer natureza, é a vida justa. Justiça, neste contexto, tem o sentido de ajustamento e viver justamente, o de viver ajustadamente no cosmos. É essa justiça como ajustado ao cosmos que permite a inferência entre o belo e o bom no senso comum e na filosofia grega antiga. Mas antes de desenvolvermos melhor esta ideia e demonstrar algumas de suas consequências, um alerta sobre onde está o lugar justo ou, se preferir, onde está a própria justiça.

O IDEAL DE VIDA

Para Platão, esse ideal de vida, que representa o nosso lugar no cosmos, é singular. Um ideal para todos e qualquer um, localizado no mudo das ideias ou dos ideais. Mundo metafísico das essências. Isto significa que o ideal de vida válido para Joaquim seria o mesmo para José. Referencial existencialista tirânico.

Lembro-me de um teste que fiz na internet sobre qualidade de vida – coisa de desocupado virtual. O computador prometia dizer se eu tinha ou não qualidade de vida apenas respondendo a umas doze perguntas. Percebi que para ter a tal qualidade de vida eu precisaria meditar, comer verduras cruas, praticar exercícios físicos, participar de eventos sociais pelo menos 3 vezes por semana, enfim, meu quotidiano deveria ser repleto de coisas que eu detesto. Partindo do pressuposto de que o sujeito que criou o questionário não seja um picareta, as perguntas foram criadas com base num modelo de vida que, vivida por ele, o alegrou. Mas somente um tirano dos costumes poderia imaginar que a vida que o alegra alegraria a mim também. Eu seria um desajustado nesta qualidade de vida.

Perceba que a ideia do modelo da vida boa não é coisa só de pregadores da qualidade de vida. É muito mais comum em religiões, quaisquer religiões. Todas pregam um determinado modo de vida ajustada que seria válido para todo e qualquer um, crente ou não. No mínimo para o crente. Um amigo, muito religioso, vendo-me triste, convidou-me para assistir a um culto de sua igreja. "Falta Jesus no seu coração", dizia. Fui. Achei um lugar de gente estranha – a rigor, meu amigo também era meio estranho. Discursos chatos e músicas chorosas. No final, ele quis saber o que eu achei, perguntou se eu estava em paz. "Se paz for algo entre a tristeza e o tédio, então acho que sim", respondi. Ele nunca mais me convidou para nada.

Podemos resumir a perspectiva platônica de justiça nos seguintes termos: 1) justiça é ajustamento ao cosmos. 2) Para estar ajustado ao cosmos e viver justamente, é preciso conhecer o seu lugar no cosmos. 3) Esse lugar é referente a um modelo metafísico de existência, um modo de vida válido para todos indistintamente. Há consequências mais propriamente jurídicas deste tipo de raciocínio. Fazer justiça pressuporia uma correção do mundo a partir de um modelo ou, se preferir, de uma lei natural que traduzisse o modelo ideal de vida. Sem o conhecimento deste modelo, não seria possível a correção, o fazer justiça. Ser um bom juiz ou homem justo, pressuporia, portanto, conhecer e viver o modelo de vida ideal, ou pelo menos honrar o seu conhecimento procurando viver tal vida.

Essa é a justiça platônica. Se você quiser refletir sobre ela recorrendo à fonte original, recomendo a leitura dos *Diálogos* aqui citados na edição traduzida por Carlos Alberto Nunes: *Diálogos. Vol. I, II, III* e *IV*. Também indico vivamente Gerasimos Santas em *Goodness and justice: Plato, Aristotle and the moderns.*

“O homem que é
firme, paciente,
simples, natural
e tranquilo está
perto da virtude.”

Confúcio

VIRTUDE
O que faz o homem justo

Para uma boa reflexão sobre o tema da virtude, precisamos retomar a ideia de Platão apresentada no capítulo anterior: essa verdadeira tirania do referencial único da vida justa. Na verdade, Platão está novamente presente para podermos apresentar, em oposição a esta sua ideia, a concepção de Aristóteles – filósofo que nos ajudará a percorrer o caminho da virtude e suas escalas. Pois bem. Para Aristóteles, a metafísica ou o suprassensível que dá sentido ao mundo físico não é outro mundo, como para Platão, mas um princípio de movimento e transformação, um vir a ser algo que estaria embutido na própria materialidade do mundo.

Explico: Imagine uma semente. Semeada, vira planta. Para Aristóteles, a planta específica que a semente vem a ser já existia antes da planta brotar e crescer. Existia na forma de um vir a ser embutido na semente. Perceba que esta ideia deixa de parecer absurda se pensarmos, por exemplo, em códigos genéticos. Pois bem, o fato é que, considerando a metafísica aristotélica não apenas as uniformidades na natureza, mas também as particularidades das coisas, então o estado ideal de qualquer coisa não é um modelo universal, mas algo particular. A consequência é que, da mesma maneira que cada um de nós possuiria uma essência metafísica que lhe fosse particular, haveria um único lugar justo para cada um de nós na existência. Forma única e particular de viver justamente e não um ideal universal de existência justa.

Retomando o exemplo da semente. Se planto sementes de laranja, nascem laranjeiras. Nascimento em conformidade com a natureza. Seria aberração ou antinatureza se plantadas sementes de laranja, nascessem acarajés. Há uma ordem natural aí, portanto, mas também uma espécie de desordem, de singularidade, pois observados de perto os vários pés de laranja nascidos, eles não são iguais. Pertencem a um mesmo gênero: pés de laranja, mas uns têm mais folhas, outros dão mais laranjas e outros, ainda, as mais doces, de maneira que não há dois pés de laranja idênticos. Cada semente realizou o ideal de laranjeira que estava metafisicamente predestinado a ser.

Estas duas perspectivas metafísicas diferenciadas levam a concepções também diferentes de justiça como vida ajustada. Se para Platão o ideal é um só, então o justo e o injusto também seria um só sempre. Seria possível condensar toda a ética em leis, códigos, gabaritos ou cartilhas da vida ajustada e, consequentemente, bela e boa. Faria sentido o que livros de autoajuda propõem. Vida feliz, boa e justa em dez lições. Qualidade de vida pelo método fácil ou descubra quem mexeu no seu queijo e seja feliz. Já para Aristóteles as coisas não seriam tão simples assim, para a tristeza dos autores de autoajuda e dos tiranos da qualidade de vida.

Em sendo o ideal particular e único de cada ser, a vida ajustada, bela e boa. A justiça também não caberia em códigos de qualquer espécie. Não poderia, em suma, ser pensada por princípios válidos para toda e qualquer situação. É o que ele demonstra no livro V de sua *Ética a Nicômaco*

Haveria um aparente paradoxo na ideia de justiça, pois, por um lado, somos plenamente capazes de, em casos concretos, dizer o que é justo ou injusto, porém somos incapazes de dizer o que é a justiça em si mesma, em essência. Uma ideia de justiça que fosse compatível com qualquer situação, com qualquer ajustamento da existência. Indefinível em códigos porque a justiça não seria uma substância que pudesse ser apontada ou descrita de alguma forma. Ela é um valor. Modo particular de julgar uma conduta ou situação, essa, sim, uma substância. Substantiva é a vida, chamá-la de justa ou injusta seria apenas um modo particular de avaliá-la.

Só haveria um paradoxo se pensássemos como Platão, que atribui à justiça uma substância, ainda que metafisica. Como poderíamos julgar aparentemente bem e, ao mesmo tempo, sermos incapazes de apontar as normas de nosso julgamento? Antes, só seria bom juiz o conhecedor da essência da justiça, no caso, a ideia do bem. Mas para Aristóteles, em não sendo a justiça uma essência de coisa alguma, não haveria paradoxo algum em sermos juízes desconhecedores da essência do justo. Seríamos desconhecedores do inexistente. Mas o que nos tornaria capazes, então, de julgar justamente, de fazer da vida algo justo?

O HOMEM JUSTO

Em primeiro lugar, ela não é algo que esteja fora de nós, em outro mundo, mas está dentro de nós, no homem que age em conformidade com seu vir a ser. É essa ideia de justiça como algo dentro do homem que leva Aristóteles a afirmar que justiça é aquilo que faz o homem justo. Parece uma afirmação besta, uma tautologia, mas é um interessante contraponto se imaginarmos que, para seu mestre Platão, a justiça não seria o que faz o homem justo, pois a justiça não seria algo intrínseco à ação humana, mas algo ideal, de outro mundo.

Mas o que seria esse "dentro de nós" que nos faria agir justamente? A metafísica aristotélica não é uma instância apartada do mundo físico, mas algo inerente, entranhado nele. É força ou princípio de ação imanente ao mundo físico, ainda que não possamos percebê-la sensivelmente. Imanência e transcendência são dois conceitos filosóficos irmãos e antagônicos que procuram descrever as relações entre o mundo físico e o metafísico. Para explicar como um mundo afeta ou interfere no outro, como algo metafísico possa ordenar o mundo físico de uma determinada maneira. Se considerarmos a física e a metafísica como dois mundos distintos, a interferência da metafísica na física se daria por transcendência, ou seja, algo sairia do mundo metafísico e transcenderia a distância que os separa e vindo parar aqui, no sensível. Já se considerarmos, como fez Aristóteles, o físico e o metafísico como duas dimensões de um mesmo mundo – o que vemos e o que não vemos de um mesmo cosmos –, então a relação entre eles é de imanência. Uma força ou princípio de transformação e movimento do mundo físico que emana porque está dentro dele.

Para entender melhor, pense em alguém muito chato, cuja presença ou mera existência já seja o suficiente para lhe apoquentar. Um vizinho, genro ou sogra, por exemplo. Há dois modos dele lhe aporrinhar, dependendo da relação de proximidade que há entre vocês. Se ele mora fora da sua casa, a aporrinhação é transcendente, pois sai lá da morada do mala e transcende até a sua paciência. Já se o azougue morar na sua casa, a relação é de chatice imanente ao seu lar e à sua vida. Sei que neste exemplo uma relação de imanência pode parecer muito pior, mas não é o caso. Elas são apenas descrição do modo de uma relação e não de sua intensidade. Isto quer dizer que para a filosofia a chatice transcendente é tão chata quanto a imanente.

Em resumo, a justiça aristotélica não é uma lei que transcende até nós, vinda do além, mas uma força ou princípio de ação que está em nós, um modo particular de ser e de agir que pode nos levar a viver bem. Este "dentro de nós" seria a nossa alma ou psiquê. O sentido não só aristotélico, mas comum em grego para alma seria algo como "aquilo que faz mover e pensar". Em latim, fica um pouco mais claro: *anima*, da qual derivam animação e desenho animado. Dizer que a justiça é algo que está em nossa alma é afirmar que há em nós um princípio de ação e pensamento que pode nos levar à vida justa. Mas se temos em nós tal princípio, se a justiça de alguma forma emana de nós, então por que não vivemos todos de forma justa? Por que nem todos somos homens justos? Porque justiça não é a única disposição de nossa alma.

Tanto Aristóteles quanto Platão descrevem nossa alma como dividida em três partes. Sendo a alma "aquilo que nos faz mover e pensar", dizer que ela possui três partes é o mesmo que dizer que teríamos três causas fundamentais de nosso agir e pensar. Essas partes seriam o resultado do grau de envolvimento entre corpo e alma. Explico melhor. Ambos têm do homem uma visão dualista, ou seja, o homem não seria uma unidade, mas a mistura de duas substâncias de naturezas diferentes. Uma substância material chamada corpo e outra substância imaterial chamada alma ou psiquê ou, como preferem os modernos, espírito.

VIRTUDES DE CORPO E ALMA

A união entre corpo e alma não se daria na forma de um corpo casca que abrigaria em seu interior, numa cavidade oca qualquer, a alma. A imagem é mais parecida com a de uma mistura entre dois líquidos de densidades próximas. Chacoalhada a mistura, perceberíamos três partes. Na parte superior da mistura haveria a maior concentração do líquido A, menos denso. Na inferior, o contrário, maior concentração de B. Haveria também uma terceira parte, intermediária, onde a mistura seria mais equilibrada entre A e B. Assim seria nossa alma e corpo misturados. Não haveria nenhuma parte de nós, do dedão do pé à ponta do fio de cabelo mais rebelde de nosso cocuruto, nenhum milímetro onde houvesse apenas corpo ou apenas alma. Sempre a mistura, mas com graduações diferentes.

À parte mais superior de nosso corpo, chamaram de racional, à mais inferior de apetitiva, à intermediária de ativa. Quanto mais alto em nosso ser, maior a concentração de nossa alma imaterial e menor a de corpo, de maneira que a parte racional seria a do predomínio da alma e de menor interferência do corpo. A parte apetitiva, onde haveria mais corpo e menos alma, este é quem dominaria. Na parte ativa, intermediária, corpo e alma dispõem conjuntamente as ações e pensamentos.

Corpo material e alma têm, cada uma, sua forma própria de dispor o homem a agir e pensar. O corpo, essa carcaça material sempre carente de alguma coisa, tem como condição fundamental a falta. Sua disposição de agir é o desejo. Já a alma, ao contrário, é plena e imortal, sendo sua condição de ação a razão. Em resumo, fundamentalmente agiríamos movidos ou pelos desejos havidos no corpo ou pela razão da alma, ou por alguma equação intermediária entre elas. Quando guiados mais pela parte racional do que pelas demais, agiríamos racionalmente. Quando dominados mais pela parte apetitiva do que pelas demais, agiríamos desejantemente, passionalmente. Já quando predomina a parte ativa, agiríamos impetuosamente, num misto de razão e paixões, pensamento e fúria.

Cada uma delas também teria sua forma otimizada de funcionamento. Seriam as virtudes. A boa utilização da razão seria a sabedoria, para Platão, e a prudência, para Aristóteles. Da parte ativa, a coragem. Da apetitiva, a temperança, o controle dos desejos. Três virtudes fundamentais, portanto: a sabedoria, a coragem e a temperança. A diferença principal entre eles está na virtude racional. Aristóteles substitui a *σοφία* (sabedoria) por *φρόνησις* (hoje traduzimos por prudência). Cícero, tempos depois, traduziu a *φρόνησις* grega como *prudentia*, uma contração de *providentia*, que seria a ideia de providência ou saber eficaz. A diferença é grande.

Se para Platão existe uma causa eficiente da ação justa, que seria a ideia do bem, ser sábio significa conhecer o bem e usá-lo como critério de ação. Mas se para Aristóteles não existe uma justiça em substância, o bom uso de nossa razão ou inteligência se daria quando a ação fosse voltada para um resultado bom, quando avaliássemos bem as forças e dificuldades de uma ação qualquer e atingíssemos a forma otimizada de seu resultado. Enquanto a sabedoria platônica é conhecimento da lei da boa ação, a prudência aristotélica é razão prática, razão voltada para a ação e não para o ideal ou a lei.

Mas se a justiça platônica está na lei, onde estaria a de Aristóteles? Para Platão a justiça não seria uma virtude, mas uma ação compatível com o ideal de existência no cosmos. O resultado de uma espécie de dieta dos sentimentos. Para agir justamente, o homem deveria reprimir suas paixões e desejos, e controlar sua impetuosidade e medo para a agir sob o comando da razão voltada para o ideal de vida, a razão cujo conteúdo que prevalece é o ideal. Mas que fique claro que a repressão dos desejos, algo humano, não é a justiça em si, mas apenas um método, um caminho para descobrir o justo lá em seu lugar: a ordem natural das coisas.

Percebam que esse raciocínio não é tão estranho assim para nós. Vejam, mais uma vez, a questão da qualidade de vida. Dizem os tiranos: não coma muito, caminhe, saia de casa, acorde cedo, tome banho frio de manhã, não assista a programas de tv populares, tenha atitudes positivas sobre a vida e assim por diante. Todas regras de comportamento que, muitas vezes, requerem disciplina ou repressão dos desejos para seu cumprimento. Assim, aquele que em dia frio vence a cama quente e aconchegante, levanta-se e congela no chuveiro, come coisas amargas e tristes e sorri feito um idiota depois de bater o carro, tem qualidade de vida. Superou a si mesmo e enquadrou-se no modelo. Continue assim, diria Platão, vivendo justamente encontrará a felicidade. Talvez na morte...

Para Aristóteles, ao contrário, a justiça seria uma virtude, a quarta virtude. Aristóteles se dá conta de que não bastaria ao homem, para ser considerado justo, apenas agir sob o predomínio de uma destas virtudes fundamentais: a prudência, a coragem e a temperança, como sugere Platão. Se a justiça está na sabedoria da lei, então bastaria anular as outras influências contrárias à sábia razão e pronto! Mas para Aristóteles isso não é possível. Há homens que são, de fato, mais temperados e outros mais racionais, mas ninguém seria apenas racional e apático enquanto outros totalmente passionais e irracionais. Somos humanos e nesse conjunto todas as disposições coabitam nosso ser sem que nenhuma delas possa ser derrogada enquanto vivermos. Não faz sentido para Aristóteles a ideia de que um homem cujo espírito conheça a lei justa torne-se, só por isso, um homem justo.

Lembro-me de um bom exemplo disso. Um programa de humor, há alguns anos, resolveu fazer uma dessas enquetes na rua. Era um teste de honestidade. Um ator fantasiou-se de cego e foi às compras numa feira. Pediu caquis, que custavam cinco reais a caixa com três caquis. Perguntou se a feirante teria troco para vinte reais, ao que ela afirmou que sim. O falso cego, então, puxa da carteira uma nota de cinquenta reais e entrega à feirante. "Aqui estão os vinte reais". A feirante vê a nota, guarda no bolso e lhe devolve de troco quinze reais. Agradecem e despedem-se, tudo muito cordial.

Um tempo depois o ator volta, agora paramentado de jornalista. Pergunta à feirante se brasileiros são mesmo honestos. Ela diz que não, muitos são de fato desonestos, mas que esse não seria o caso dela, que é uma trabalhadora humilde. Ele pergunta: "Se um ceguinho viesse aqui e lhe desse uma nota de cinquenta achando que fosse de vinte, a senhora lhe daria o troco certo?". "Claro que sim!", disse a feirante, convicta. O ator revelou que o ceguinho de antes era ele e a feirante, sem nem titubear, lhe devolveu a diferença. "Devo ter me enganado".

QUESTÃO DE EQUILÍBRIO

O exemplo mostra que conhecer a regra da justiça não significa, necessariamente, segui-la. "Falta de repressão dos desejos!", gritaria Platão de seu túmulo. Mas Aristóteles acreditava que essa repressão não seria possível. É preciso ser justo sendo ao mesmo tempo um ser desejante e racional. Para isso é preciso ter não apenas uma das virtudes, como a sabedoria ou, no seu caso, a prudência, mas todas elas ao mesmo tempo. É preciso ser corajoso, prudente e temperado para ser também justo.

Mas ter todas essas virtudes apenas, sem que houvesse entre elas um equilíbrio, não faria do homem alguém que pudesse viver de forma bela e boa. Imagine alguém que tivesse muita prudência, mas que fosse um covarde. Seria alguém que saberia exatamente o que fazer, mas não teria coragem para levar a cabo o que sabe ser correto. Ou então, imagine alguém que tenha muita coragem, mas lhe falte a temperança. Seria um truculento, um descontrolado que usaria a brutalidade sempre que seus desejos e paixões fossem atiçados.

Para viver de forma boa e bela, seria preciso uma quarta virtude, equivalente ao equilíbrio entre as outras três, a justiça. Seria justo, portanto, aquele que fosse, ao mesmo tempo, prudente, temperado e corajoso. Justa seria a ação simultaneamente prudente, temperada e corajosa. Justiça, portanto, é equilíbrio, não propriamente entre bens ou entre malefícios e benefícios, mas sobretudo o equilíbrio entre as virtudes. Equilíbrio que, se mantido, torna o homem capaz de bem reproduzi-lo no mundo, distribuindo e bem equacionando benefícios e malefícios de forma prudente, corajosa e temperada.

Tanto numa quanto noutra concepção, algo em comum. Seja pela obediência ao ideal, seja pela ação do homem virtuosamente justo, o resultado da justiça é a harmonia do cosmos reestabelecida ou não contrariada e é essa harmonia que perceberíamos como bela e boa. Boa porque a vida em harmonia é mais agradável do que em desarmonia e bela porque o próprio referencial de beleza seria a harmonia cósmica e da feiura a desarmonia, o estar fora de lugar.

Imagine, portanto, utilizar os serviços de um barbeiro que está em harmonia com o cosmos. Indivíduo cujo lugar no mundo é na barbearia. Nasceu para barbear e bigodear. Faz seu trabalho com prudência, coragem e temperança. É barbeiro justo, que corta ajustadamente. Por viver em seu justo lugar no cosmos, sua vida é boa ou, como conceituava Aristóteles, é vida eudaimônica, de *eudaimonia*, ou a vida que vale à pena ser vivida, vida que não é meio para nenhuma outra, antes é um fim em si mesmo. O barbeiro não estaria a barbear para realizar outra vida, já está na vida boa, barbeando. Vida boa para o barbeiro é boa também para quem se vale de seus serviços, pois é tratado com justiça e tem cabelos e bigodes afeitados em precisa justeza. É vida bela de se contemplar, tanto a do barbeiro a barbear quanto a do freguês de barba e bigodes por ele barbeados.

O mesmo resultado bom e belo se daria numa justiça platônica. O barbeiro que, mesmo macambúzio porque deseja viver outra vida que não aquela, que deseja ser despachante do Detran, por exemplo, reprimindo sua insatisfação, segue a lei da boa barbearia. Lei do corte e atendimento ideal da freguesia. Também trabalha de forma bela e boa, pois belo e bom seria o resultado de seu esforço. Pode ser triste, mas é virtuoso o bastante para, obedecendo à boa lei da barbearia, temperar os desejos e ter coragem de submeter-se ao ideal metafísico do corte de barba, cabelo e bigode. O cliente também veria a beleza e a bondade no trabalho e na harmonia da realização do cabelo e bigode ideal. Sairia igualmente satisfeito e diria do serviço algo justo, porque ajustado ao ideal, porque belo e bom. Só não sei se daria gorjeta por causa da antipatia deste despachante frustrado.

Para além da fé em ideais ou dogmatismos de toda espécie, talvez a percepção ou sentimento da beleza e da bondade sejam realmente a única referência para a construção de um sentido de justiça em nossos julgamentos. Ser belo e bom significa, de alguma forma, harmonizar-se não propriamente com o cosmos, mas com as nossas próprias ideias.

Pode ser que os antigos gregos tenham razão e o mundo seja um cosmos e, portanto, reconheceríamos o justo e o injusto com base nesse princípio físico ou metafísico de ordem que percebemos no mundo. Nossas percepções do mundo ao longo de nossa trajetória de existência nos permitiria apreender a ordem e reconhecê-la como algo belo e bom. Neste caso, as representações platônicas de justiça nos cairiam bem.

Por outro lado, pode ser que o mundo não tenha nenhum sentido a ele inerente. Que a ordem do mundo esteja apenas em nossos olhos. Mero efeito subjetivo de percepção. Mas ainda assim, percebido o mundo e conformado à ordem que é só nossa ou, talvez, compartilhada com aqueles que percebam o mundo como nós, ele nos pareceria como algo belo e bom, porque harmônico.

Admitindo-se que o mundo não seja um todo harmônico, como os antigos gregos acreditavam, que a natureza não seja um sistema perfeito ou não seja nem mesmo um sistema, mas uma sequência caótica de acontecimentos. Encontros materiais que não têm o menor sentido. Orquestração de eventos regida por um sádico caprichoso e inconstante. Mas ainda assim, nós insistimos em percebê-la como uma ordem qualquer.

CRIANDO SENTIDOS PARA A VIDA

Talvez a vida não tenha o menor sentido, mas isso não significa que consigamos viver uma vida sem sentido. Nós damos sentidos à existência, ainda que precários, ainda que outros achem que o sentido que damos à nossa existência seja idiota e sem sentido. Assim, alguns passam a vida a pesquisar as mariposas da Indonésia, feliz com seu trabalho de campo, ambicioso de compreender todos os aspectos de todas as mariposas. Outros dedicam-se a estudar todas as versões do Big Brother Brasil, lê com afinco as poesias de Pedro Bial sonhando em um dia participar do programa. Nenhum destes sentidos de existir se parece com o ideal no sentido platônico, porque não é universal. É o sentido da vida de Manuel, diferente do ideal de vida de Joaquim. De ideal em ideal, cada um com sua vida.

O mesmo parece se dar com relação à nossa percepção do mundo. Ele pode não ter um sentido ou uma ordem, mas isto não quer dizer que consigamos percebê-lo como um todo caótico e sem harmonia. Nós o ordenamos, ainda que apenas em nossas mentes, ainda que para dar um sentido precário a uma existência atribulada.

Assim, dizemos que depois da tempestade sempre vem a bonança. Como se houvesse uma regra ou princípio matemático dos acontecimentos que garantisse o equilíbrio entre malefícios e benefícios. Pois pode ser que depois da tempestade venha o furacão, o maremoto e o tsunami.

Para Hume nossa mente ou espírito funcionaria segundo três princípios de organização das ideias ou pensamento: semelhança, contiguidade e causalidade. Quer dizer que os atos de pensamento que ocorrem em nossa mente seriam apenas a organização das ideias, aproximando e inter-relacionando algumas e afastando outras. Assim, por exemplo, associamos duas ideias como morenas e sedução, seja porque percebamos alguma semelhança, contiguidade ou causalidade entre morenas e sedução. Assim, a ordem do mundo não seria algo percebido, mas criado, por princípio, pela nossa mente.

Em resumo, talvez só haja justiça como o efeito subjetivo de nossas percepções, ou do mundo como cosmos que ele é, ou do mundo como o cosmos que acreditamos que ele seja. E todo o resto não passe de estroinice. Conversão da subjetividade de alguns na objetividade de todos como mecanismo de dominação.

Tentativa de fazer aos outros crerem que o mundo que achamos mais justo, porque nos é um mundo melhor e mais belo, será também bom e belo para eles. Efeito, em suma, de dominação.

Pensamos dominação como um ato de violência. Como um sujeito que lhe aponta a arma e diz: senta! E você, conscientemente rendido, caninamente, senta-se. Mas a ideia aqui é outra, muito mais sutil. Dominar, como diz Espinosa, é fazer o outro crer que o mundo que nos alegra o alegrará também.

Não acha que isso é dominação? Que não lutamos por compartilhar nossos gostos e fazer outros conspirarem pela nossa felicidade? Então imagine o seguinte. Uma situação pela qual, tenho certeza, todos aqui já passaram.

Todos praticamos estes pequenos atos de tirania cotidiana e não somos, necessariamente, tiranos, mas apenas humanos. Seres carentes que querem pertencer a um grupo qualquer. E para isso é preciso comungar com as outras pessoas do grupo os mesmos referenciais de sentido e valor das coisas. Fazer parte de um grupo social é gostar e odiar as mesmas coisas que os demais.

A força do tirano dos costumes, portanto, não está propriamente no tirano, mas no próprio costume, na sociedade que o compartilha, na multidão que o corrobora a cada manifestação de apreço ou desapreço por alguma coisa. É na massa que uma nova ordem se mostra. Não mais a metafísica de Platão, ou a virtuosa de Aristóteles, a nova ordem é social e fazer justiça é harmonizar-se com ela, é restaurá-la.

Em outro embate socrático – outra obra de Platão: *Górgias* –, esse problema é posto. Na terceira parte, Sócrates discute com Cálicles sobre a justiça. Para este, justiça é o que determina o mais forte. Para Sócrates, como vimos, ela seria algo metafísico que você racionalmente e desafetadamente descobre.

O argumento de Cálicles é exemplificado com a força dos tiranos, dos governantes. Seria realmente pueril dar-lhe razão se considerarmos, por exemplo, que justo seria aquilo que a nossa elite econômica ou política assim o determinasse. Seria teoria conspiratória. Mas se considerarmos como a fonte do justo e do injusto não o tirano, mas a força social, então o argumento de Cálicles adquire um sentido renovado e plausível.

A tirania da massa, a ordem social traduzida na cultura e nos costumes torna-se o novo critério do ajustamento. Desta maneira, justo seria o determinado pelo mais forte e o mais forte é a sociedade que molda nossa própria subjetividade. Esta ordem cultural é o gabarito do belo, bom e justo dos tempos pós-metafísicos em que vivemos.

Para que não tenhamos dúvidas, um exemplo. O pudor. É um valor cultuado. Mas é um valor adquirido. Todos nós nascemos nus e andávamos peladões sem o menor problema por qualquer lugar. Mas aprendemos que devemos usar roupas e depois aprendemos que não podemos usar qualquer roupa em qualquer lugar. Que a tanga é inapropriada para velórios e que o terno e gravata igualmente o é para a praia. Tudo adquirido mas que curiosamente parece já fazer parte de nosso DNA. Dizemos que não nos sentimos bem em comparecer de tanga em um velório. Manifestamos um constrangimento que nos parece invencível. Coisa da nossa carne e não coisa da nossa cabeça. Convicção adquirida.

Pois o pudor é o resultado de uma dominação. Não de um tirano, mas de uma multidão de tiranos. Dominação que, agora dominados, não sentimos como algo ruim, mas como algo natural, correto, decente. De lei estranha tornou-se critério de julgamento do bom senso, do belo e do justo.

Assim como o pudor, muitos outros valores. Todos eles particulares de uma sociedade, de um grupo. Valores que mudam, que não são eternos como os ideais de Platão, mas que nem por isso são menos eficazes como gabaritos para nossos julgamentos, para nossos justiçamentos.

Participantes de uma torcida organizada de grande time de futebol, daquelas que vão aos estádios aos gritos de "vamos bater, fazer e acontecer. Com *nóis* ninguém pode!", podem achar uma injustiça serem barrados na entrada de um estádio por motivos de segurança. "Injustiça!", gritarão enfurecidos. Sinceramente indignados. No mesmo momento, a vizinha religiosa do estádio suspira aliviada. "Enfim, a justiça", exclama sinceramente feliz.

Perspectiva sociológica de justiça, na qual a compreensão do justo e do injusto não passa pela compreensão nem de virtudes, naturais ou desenvolvidas, nem pela busca de regras ideais de justiça, mas pela compreensão de como, artificialmente, criamos uma ordem para nossas vidas. De como grupos sociais criam, legitimam e conservam suas normas, valores e ideais precários.

Justiça como o critério compartilhado por todos e que não apenas representa uma ordem social qualquer, mas que a instaura e mantém. Princípio de manutenção da própria ordem social. Imagine que a vida comungada em sociedade somente seja possível se, pela força das leis impostas pela força das armas ou por uma espécie de acordo tácito entre todos, algumas normas fossem obedecidas. Toda sociedade as possui, por mais bagunçada que pareça. Mesmo o trânsito de cidades italianas e indianas, por mais absurdo que pareça, possui normas sociais que nos tornam possíveis, normas que não coincidem com os respectivos códigos de trânsito. A questão é, o que as mantém? O que mantém a justiça?

Nietzsche responde a isso partindo da questão oposta: o que prejudicaria a ordem? A resposta é simples e coincide com a de Hobbes: os mais fortes. Uma minoria que, destacando-se da massa, romperia com esse pacto social para aproveitar-se dos agora submissos obedientes das normas que dão coesão à sociedade, que a fazem existir. Quem poderia interessar-se em manter tal ordem? Claro que não seria a minoria mais forte, mas a massa dos fracos e menos potentes. Para Nietzsche, toda a moral – e com a justiça se dá o mesmo – é reativa. Reação do fraco contra o forte, dos impotentes contra os potentes. Reação que torna a convivência possível.

O argumento é bem mais elaborado que o de Cálicles no diálogo Górgias. Para Cálicles a justiça seria apenas aquilo que os mais fortes determinariam. Ele faz parecer que toda dominação e toda ideia de justiça é imposição de conspirações de uns poucos fortes. Em Nietzsche não há conspiração dos fortes, mas resistência dos fracos. Isso explicaria porque no geral achamos mais justo e belo que os fracos e desfavorecidos sejam ajudados enquanto os fortes e poderosos devam ser vigiados.

Achou uma ideia de justiça ressentida? Então imagine o caso do estupro. Platão diria que é uma prática injusta por natureza, mas se não acreditarmos em justiça por natureza, como explicar o fato de a maioria de nós condenar o estupro? O argumento de Cálicles também não parece explicar muito bem as coisas. Para que o estupro fosse injusto seria necessário que ele fosse condenado pelos mais fortes, mas não é o que acontece. Quem o repudia são as vítimas, a parte fraca da relação de estupro. A maioria de nós, que não é nem propensa a estuprar e tampouco se percebe como vítima em potencial, deveria ser apenas indiferente ao crime hediondo, mas também não é o que acontece. Condenamos o estupro em solidariedade à vítima, à parte mais fraca. Justiça reativa, que corrobora uma ordem onde a existência do fraco torna-se viável.

Justiça que não é objetivamente definida em leis, mas relacionalmente definida por tomadas de posição havidas mais em função de um sentimento do que da razão. Nos posicionamos em favor do mais fraco sem nos darmos conta da regra ou raciocínio que praticamos para isso. Ninguém calcula benefícios e malefícios pessoais para posicionar-se com relação a ações como estupro ou outras tantas violências que rotulamos como injustas. Simplesmente o fazemos. Tomamos posição a partir do que sentimos como justo e nos aliamos à massa dos que lutam por manter o mundo bom. Com sua beleza e bondade confundidas com a ordem que percebemos e à qual nos acostumamos. Ordem da vida viável.

Um sentimento de justiça, que faz apelo não a uma teoria da justiça, mas a uma estética da justiça. Disposição de const *Montaigne et la philosophie* rução de uma vida bela e boa de se viver, na qual o sentido de beleza e bondade vai além do que egoisticamente se pode considerar como bom e belo, mas que, considerando a impotência que nos condiciona, faz da vida algo justo porque viável para muitos.

No caminho da vida boa e virtuosa, leituras sugeridas: Aristóteles, com *Ética a Nicômaco*. Também vale a pena o livro *A prudência em Aristóteles*, de Pierre Aubenque. Sobre Hume, seu *Tratado da natureza humana* e, por fim, Nietzsche em *Genealogia da moral: uma polêmica*.

BIBLIOGRAFIA

ARISTÓTELES. *Ética a Nicómaco*. Lisboa: Quetzal Editores, 2009.

BARROS FILHO, Clóvis de. *Comunicação na Polis: ensaios sobre mídia e política*. Rio de Janeiro: Vozes, 2002.

BOURDIEU, Pierre. *Questões de sociologia*. Lisboa: Fim de Século, 2004.

CHAUÍ, Marilena. *Convite à filosofia*. São Paulo: Ática, 2011.

COMTE-SPONVILLE, André. *Apresentação da filosofia*. São Paulo: Martins Fontes, 2003.

———————. *Tratado do desespero e da beatitude*. São Paulo: Martins Fontes, 2006.

CONCHE, Marcel. *Montaigne et la philosophie*. Paris: PUF, 1996.

CONCHE, Marcel. *Orientação filosófica*. São Paulo: Martins Fontes, 2000.

ENGEL, Pascal. *Introdução à filosofia do espírito*. São Paulo: Instituto Piaget, 1996.

FERRY, Luc. *Aprender a viver: filosofia para os novos tempos*. Rio de Janeiro: Objetiva, 2006.

FOUCAULT, Michel. *Vigiar e punir*. Rio de Janeiro: Vozes, 2007.

HUME, David. *Tratado da natureza humana*. São Paulo: Unesp, 2009.

KANT, Immanuel. *A religião nos limites da simples razão*. Lisboa: Edições 70, 2008.

———————. *Fundamentação da metafísica dos costumes*. São Paulo: Barcarolla, 2010.

LOCKE, John. *Ensaio sobre o entendimento humano*. São Paulo: Martins Fontes, 2012.

MACKIE, J. L. *Problems from Locke*. Oxford: Oxford University Press, 1976.

MAQUIAVEL, Nicolau. *O príncipe.* São Paulo: Penguin/Companhia, 2010.

MORIN, Edgar. *Ética,* Coleção "O método", vol. 6. Porto Alegre: Editora Sulina, 2011.

NIETZSCHE, Friedrich. *Genealogia da moral - Uma polêmica.* São Paulo: Companhia das Letras, 1998.

PASCAL, Blaise. *Pensamentos.* São Paulo: Martins Fontes, 2001.

PLATÃO *Diálogos de Platão Vol. I, II, III* e *IV.* Pará: EdUFPA, 2011.

————————. *A República.* Lisboa: Fundação Calouste Gulbenkian, 2001.

POMPEU, Júlio Cesar. *Somos maquiavélicos: o que maquiavel nos ensinou sobre a natureza humana.* Rio de Janeiro: Objetiva, 2011.

ROUSSEAU, Jean-Jacques. *O discurso sobre a origem e os fundamentos da desigualdade entre os homens.* São Paulo: Editora Martins, 2005.

SANTAS, Gerasimos. *Goodness and justice: Plato, Aristotle and the moderns.* Oxford: Blackwell Publishers, 2001.

SARTRE, Jean-Paul *O existencialismo é um humanismo.* Rio de Janeiro: Vozes, 2012.

SAVATER, Fernando. *Ética para o meu filho.* São Paulo: Planeta do Brasil, 2012.

VAZQUEZ, Adolfo Sanchez. *Ética.* Rio de Janeiro: Civilização Brasileira, 2000.

WIGGINS, David. *Sameness and substances Renwed.* Cambridge: Cambridge Universiy Press, 2001.

Primeira edição	Julho de 2013
Impressão	Edelbra
Papel da capa	Cartão 250g/m²
Papel do miolo	Lux Cream 70g/m²
Tipografias	Celeste e The Sans Typewriter